權衡

孫子兵法
教你亂世中的
生存之道

胡川安——著

目錄

自序

透過《孫子兵法》，理解這個時代的生存方式

托洛斯基曾經說：「你也許對戰爭不感興趣，戰爭卻對你深感興趣。」——身處於台灣的人，雖然很少經歷過戰火的摧殘，但台灣人一直處於戰爭的威脅中，甚至被外國媒體稱之為：「全世界最危險的地方。」

即使我們沒有經歷過實際的戰爭，但人生就是不斷競爭的過程，從出生開始，我們要急著成長，追求自我，與別人比較，思考有沒有競爭力。有時遭遇人生的變故，在家庭與事業之間思考應對的方式。當我們進入了組織，像是學校或是公司，在團體中尋求生存，都是一場自我與外在世界的戰爭。

然而，每個人都在競爭的環境中，但有些人會相互敵視、兵戎相見，有些人可以打勝仗，卻不用傷害任何人，還能讓所有的人都得到幸福，《孫子

兵法》就是讓大家贏的策略。

大家都聽過《孫子兵法》，但很少人讀完，才六千字左右的《孫子兵法》，為什麼會如此出名？很多我們琅琅上口的名言都出自《孫子兵法》，像是：「知己知彼，百戰不殆。」「靜如處子，動如脫兔。」「無恃其不來，恃吾有以待也；無恃其不攻，恃吾有所不可攻也。」

很少人知道孫子是怎麼講這些話，或是了解《孫子兵法》在我們現代世界中有什麼實際的用處。我大學的時候就讀過《孫子兵法》，但沒有什麼體會，後來鑽研古代史，在加拿大讀博士的時候，我的指導老師 Robin Yates 是研究古代戰爭的專家，他的專長在兵書還有軍事科技。

當時我的指導老師跟我說，《孫子兵法》是很多外國人認識中國思想的開始。我很驚訝，以往我們都認為儒家才是主導中國思想的重要核心，然而，《孫子兵法》全世界的重要語文都有譯本，已經成為人類重要的思想經典。除此之外，《孫子兵法》不只在戰爭中可以運用，管理學者、策略學家、未來學家、國際政治研究者、政治說客……等都將之視為必讀的經典。

如果我們簡單看一下《孫子兵法》從中國走向世界的過程，本來古代中

自序

透過《孫子兵法》，理解這個時代的生存方式

國很多人讀，從宋代以後，被列為《武經七書》，包括：《孫子》、《吳子》、《司馬法》、《唐太宗李衛公問對》、《尉繚子》、《黃石公三略》和《六韜》。以往應試武舉的人都要讀，不僅經典化，還成為教科書。

除此之外，歷代都有人註解《孫子》，透過他們的專業來重新詮釋。東漢末年的曹操是第一位註解的，面對漢末亂世，曹操認為《孫子》在所有兵書中是最為深刻的。由於曹操是亂世中的梟雄，會帶兵打仗，他知道《孫子兵法》在戰爭中的實際用處。

或許是中國後來在歷史上被西方各國打敗，所以很多人不把《孫子兵法》的思維加以推廣。但是，亞洲第一個現代化的國家——日本，始終將《孫子兵法》視為是重要的思想，而且與當代管理學和謀略有很大的關係，很多大企業的老闆都將之視為必須熟讀的重要經典。

如果以為只有高來高去的老闆、政治人物或是思想家才要懂《孫子兵法》那就錯了，孫子講的是不需要打仗就能贏的策略、是競爭的核心、是了解事情本質的方法、是參透人生的學問、是理解他人與我們關係的方法……這些都是我們人生必修的學分。

當初我回來台灣教書的時候，由於所有中文系的老師都要上全校的大一國文，學生們普遍對於國文課沒什麼興趣，所以給自己的挑戰就是要讓他們感興趣，加上很多關於新時代的詮釋。

幾年下來，成為全校大家競相搶修的國文課，學生普遍認為我上課所舉的例子與生活經驗相關，讓他們重新思考經典與人生的關係。我常跟學生說，如果有一本書，在科技日新月異的時代，不管世界變動得再快，還可以傳了兩千多年，還讓世界不同行業的人都感興趣，那其中一定有我們可以值得學習的地方。

學生覺得我舉了很多他們未來可以參照的方向，我自己也在《孫子兵法》當中了解到該如何在社會中生存。在這本書中，我透過很多的實例，跟讀者說明現代的世界，充滿了大量的挑戰，我們如果要求得身心的安頓，還有與世界對話的方式，最好的方法就是讀完本書。

第一章
如何計畫你的人生？

一、《孫子兵法》一開始為什麼講「計」？

《孫子兵法》第一篇是〈始計〉，講計，一開始就要計算。我們常聽到「三十六」計，大家耳熟能詳，像是瞞天過海、空城計、美人計。然而，這些都不是《孫子兵法》所說的「計」。大家一般認為的計是奇謀巧計，追求快速、方便，但那不是可以獲勝的方式。

孫子的「計」是實力的累積。《孫子兵法》的核心理念在於追求勝利，如何才能保持勝利，維持不敗？最重要的就是要有實力，所以說「先勝而後戰」，也就是你要先有勝算才能打仗。如果知道無法勝利，就不要有勇無謀。

在孫子的思想中，必須要先有實力，再談奇謀巧計。如果一開始追求快速爭勝的方法，最後一定會失敗。

為什麼《孫子兵法》一定要求勝？如何計算才能獲得勝利呢？這就是第一章的核心，也是《孫子兵法》最重要的核心。而這也是我們在這個時代要讀《孫子兵法》的原因，戰爭和人生都是殘酷的。

戰爭是殘酷的。

兵者，國之大事，死生之地，存亡之道，不可不察也。

戰爭和用兵都是相當殘酷的，是國家的大事，關乎生死。生存與死亡的道理，我們一定要謹慎應對。戰爭牽涉到死亡，關乎到生命，一下就是千百萬條的人命。從小到大，一個小孩從牙牙學語到長大成人，每個生命都是獨特的個體，但是戰爭一下就死傷如此多人，所以面對戰爭不可不慎。

由於戰爭如此殘酷，我們一定要勝，勝的方式不是有勇無謀的戰，而是要計算，要用「五事七計」加以計算，「五事」包含了道、天、地、將、法，

第一章

如何計畫你的人生？

什麼是「道」？

古書中有很多的「道」，像是老子說：「道可道，非常道。」可以說的「道」，就不是道，感覺很玄，很難懂。但是《孫子兵法》的「道」沒有這麼難懂。在此處所說的就是要讓人民可以上戰場打仗。如果上與下一心，相互「同意」，可以為赴湯蹈火，生與死置之於度外，那麼這就是「道」。

要人民上戰場不容易，如果強迫的話，前線的士兵一定會想逃。然而，擁有了「道」，上下一心，就不會害怕。說來容易，但如何做成呢？我們舉個例子，公元二〇〇一年九月十一日，當時我只是個大學生，在螢幕上看到穆斯林的恐佈分子攻擊美國紐約的雙子星大廈，造成大量的人死傷，覺得相當驚悚，以為世界就要因為這樣可怕的事情而崩壞。

但在九一一之後，美國國內本來對於摧毀恐佈分子還有不同的意見。卻由於恐佈分子的攻擊，所有國內的人想法都日趨一致，上下一心，簡單來說，這就是《孫子兵法》的「道」。

由此來看，如果把學業、事業和人生的不同際遇，還有做每一件事、經營一個公司和組織都當成不同的戰役，最為重要的就是凝聚人心。有時候我們覺得自己很有才華，相當自負，看不起別人，恃才傲物。然而，在這個快速變動的時代，除了自己有能力，與人合作的特質相當重要。結合不同專業的人才，凝聚團隊的想法，展現「道」，就可以完成各種不同的專案，還有不同的挑戰。

天者，陰陽、寒暑、時制也。

「五事」講完了「道」，講「天」，感覺也是很玄。如果在古代用兵打仗，要看天候、冷熱，還有氣候條件。冬天的時候下大雪，馬沒有草料，兵士容易生病，不可以輕舉妄動。以前沒有氣象雷達，也沒有衛星，無法像現在預測天氣或者是冷熱。

如果有去過中國的朋友，就知道南北氣候差異很大，北方人不大能忍受南方潮濕的氣候。大軍南下，只要有幾個人因為氣候的原因得傳染病，就會造成大規模的流行。以前的人為了因應天候的問題，發展出很多的學問，像是觀星象就可以知道未來幾天的風向，知道什麼時候會有大雪。畢竟，大部隊的運動，要考量很多的事情。

歷史上有名的赤壁之戰，東漢末年曹操控制了中國北方，想要對南方的諸侯和將領用兵，打算統一中國。然而，當時北方的士兵南下，有人向曹操建議：「又今盛寒，馬無稿草，驅中國士眾遠涉江湖之間，不習水土，必生疾病。」此處說的「江湖」指的就是南方湖泊河川眾多，和北方大平原的氣候條件不同，而且以往作戰最重要的馬，在冬天不容易找到糧草。人一定要吃飯，馬一定要糧草，如果這些都無法準備好的話，這場戰爭在一開始就可以預知勝負。

「天」是在「道」之後必須考量的。

對於我們現代人來說，「天」也是決定未來工作是否能成功的條件。大學生要入學的時候要考慮什麼系有前途？社會新鮮人要思考什麼樣的公司對於未來發展有好處？或者要去什麼樣的國家工作才會有好的發展？「天」就是觀察這一行未來會不會有前途，如果是一個剛在發展的行業，很適合大學新鮮人投身進去學習。如果一個行業每年整體的獲利都在下降，這就是一個夕陽的產業，如果硬要進去，未來的選擇和發展相對來說就缺乏機會。每個行業、每件事都會遇到自己的「天」，判斷好局勢，為未來準備。

地者，高下、遠近、險易、廣狹、死生也。

知道了「天」，就要知「地」，腳踏實地。在軍隊運動中，行進路線的部屬，知道地形是遠是近，或是地形的狀況，才知道何處可以防守？何處可以進攻？防守除了靠平日的訓練，地形是勝負過程中很重要的一部分。地形的廣狹是決定了要使用的兵種，還有陣法。了解地形上的險要，才能在危急時守住要塞，在有機可乘時進攻。

掌握地形就是接地氣，了解環境和地理形勢，在我們現實生活中的任何決定都相當重要。當我們要執行一個企劃案時，不管是商品的行銷案，或者是辦活動，了解當地的環境還有客群，知道自己的戰場，知道何處是要對決的地方，是任何工作都要放在心上的事情。網路時代，不管是學習或是工作，增加了不少的可能，讓「地」的概念更加廣泛，連結性也更加靈活，善用網路的「地」，加強連結和溝通，在任何的學習和工作上都可以運用。

> 將者，智、信、仁、勇、嚴也。

《孫子兵法》提到「將」，指的就是帶兵打仗的領導力，五種能力排在首位的是「智」，是所有領導力的核心。將帥無能，累死三軍，最重要的就是「智」。不是智力的高低，而是了解先機的智慧。

大家或許會好奇，將領最重要的不是要勇敢嗎？孫子認為有勇無謀，反而會讓全軍陷於危險境地，所以智慧才是最重要的。做一件事情，或是帶領一個組織也是如此，用聰明的方式工作，而不是努力工作（Work smart, not work hard）。如果在工作前就對整體情況的發展和推演有所了解，知道自己的能力和限制，運用智慧將不利的狀況改變。該前進時進攻，該撤退時撤退，不要浪費自己的時間和資源。

年輕朋友們往往在畢業進入職場的時候，有些人選擇要繼續進修，或者要直接投入職場，選擇職場時又害怕自己選錯行。如果一開始就深入研究自己要投入的行業，了解未來職涯的發展，知道自己的核心長處，才能衡量未來的發展。有了智慧，接下來最為重要的就是「信」，是信任、信用，要取信於人。

帶領組織，或者是工作上的決定，都要讓人覺得可信，無信不立，特別是在現代的世界中，「信」更加的重要。網路讓世界的連結更加緊密，我們的為人在網路上很容易搜尋得到，做過什麼樣成功的案子，或是曾經犯下什麼樣的錯誤，只要一搜尋就可以了解。以往還可以透過排場虛張聲勢，但現在很容易就露出馬腳。

有了「智」和「信」，接下來的「仁」就是要走入對方的心，要有愛人的心。戰場上講究同袍之愛，一起出生入死的兄弟，彼此之間相互幫忙，有認同感。組織裡面一起工作的同仁，或是為了一個案子相互合作的夥伴，為了完成一件事情，如果相互計較，爭功諉過，基本上就無法完成任何的事情。

戰國時代的名將吳起，不管是吃飯和起居都與兵士住在一起，不會因為自己是將軍就要有與眾不同的享受。他最為人所熟知的一件故事就是看到士兵腳上長膿，用自己的嘴將裡面的膿液吸出來。那位士兵的媽媽一聽到就哭了出來，不是感動於吳起的愛兵如己，而是知道吳起的這個動作，會讓自己的兒子為吳起而死，而不顧自己的生命。我們經常看到現在成功的新創企業家也是如此，經營公司親力親為，和員工們一起努力，不眠不休，完成各種艱難的案子，員工看到老闆都這麼努力了，就拚命地賣肝幹下去。

對於戰爭來說，「勇」是勇氣，但不是蠻勇和武勇，而是要有當機立斷的執行力，掌握了時機，就果斷地執行，不會猶豫。我們經常感嘆股票大漲，有好多人都賺了大錢。但自己沒有執行力，就不可能完成任何事。心裡預想了好多事，有好多未來的藍圖，但執行的時候毫無章法，完全沒有步驟，所以一塌糊塗。

和執行力「勇」相搭配的就是「嚴」，軍隊講究軍紀，軍紀如山，不能因為任何人而改變。在實際的工作，還有要完成自己想做的事情時，我們可能做好了各種計畫，但是因為疏懶，不按照自己規定的紀律做，到最後也只能以失敗收場。

孫子講完領導力後，最後提出管理的準則，就是「法」，不只是法律、準則，還包含了組織架構、指揮的方式，人事制度、調動物資的方法，這些都是管理學的核心。管理的方式是死的，但前面所說的道、天、地、將都理解了，還需要有一套制度作為組織的骨幹，才能讓部隊的日常運作得以進行。孫子不是認為管理的部分不重要，而是在處理天時、地利、人和的事情之後，找到合適，且具有領導能力的將領，我們再來談組織。徒有法，沒有其他相應的條件，是無法運作任何的組織。

二、如何求勝？

《孫子兵法》雖然精煉，但每一部分都可以實際檢驗，運用在日常生活中。我們有了基本面，就要知道計算。算什麼？算會不會勝利。

第一件要算的事情就是君主有沒有「道」。「五事」當中講的「道」就是上下要一心，能夠共享成果，懂得分享不管是在軍隊，或在公司，還有任何團體當中都很重要。如果一個公司連員工都照顧不好，算什麼好企業？公司的目標放在營利、市場領先，還有市占率都是必要的，但同時也必須思考如何和內部的夥伴們「一起」完成目標，還要賦予他們使命感。

現在的上班族常說自己像「社畜」，是公司養的畜牲。負擔大，工時長，薪資少，福利也不好，業績不好還會被老闆究責。然而，這樣帶兵打仗的公司一定無法生存太久。我們常說台積電是「護國神山」，是台灣生產業的龍頭。除了因為台積電生產晶片的技術領先全球之外，員工們彼此的向心力很強，而且老闆也給員工很好的福利，讓他們可以一起為台灣打拚。

「主孰有道？」是計算勝利最重要的方法之一，接下來的「將孰有能？」「天地孰得？」「法令孰行？」「兵眾孰強？」「士卒孰練？」「賞罰孰明？」，我們可以翻譯成：

誰的領導比較有能力？

是否了解整體大環境、而且能夠接地氣？

組織的紀律是否有效、嚴格執行？

士兵的戰力或是大家的士氣是否足夠？

平常有受到足夠的教育和訓練？

如果有人犯錯，能否及時給予適合且恰當的處分？

如果放在管理組織還有公司的情況，也可以翻譯成下面的方式：

哪位管理者較有可靠性，代表較可接受的價值？（主孰有道）

哪個管理者較有能力，能確切說明企業的使命、願景和目標？（將孰有能）

哪位管理者能從環境中取得較大的利益？（天地孰得）

哪位管理者較能貫徹規定？（法令孰行）

哪位管理者較能掌握全體員工的能力？（兵眾孰強）

哪些人員較有能力？（士卒孰練）

哪些管理者的行動是較可預測，或較穩定？（賞罰孰明）

我們也可以將七計用來分析自己找工作時評估的方式，或是更重要的，用來評估自己的實力。當自己做為一個主管時，有沒有符合這些條件。

《孫子兵法》一開始不講如何打仗，而是「五事」，最重要的基本面，這不只用來思考戰爭，也可用來思考工作和人生。我們做一件事情，團隊成員是否彼此上下一心？是否在對的時機出擊？是否接地氣？是否有合適的領導人才？組織是否完善？或者只是散兵游勇？

軍隊是相當複雜的組織，大家可以想一下自己的公司或是學校，頂多十多個人，了不起上百個或是一千個人。但是，帶兵打仗的軍隊少說幾千人，動則上萬人的行動。而且，軍隊要能夠迅速讓幾萬人移動，所以組織大，但反應的速度也要快。如果我們說，創意工作或是科技產業大多出現在軍隊，在台灣很少有人相信。華人社會普遍相信「好鐵不打釘，好男不當兵」，有前途的男生不會選擇去當兵，何況是女性呢？

但我們可以從以色列和美國的例子當中得到不同的想法，在《新創企業之國：以色列經濟奇蹟的啟示》指出以色列的人口只有七百多萬，面積兩萬兩千平方公里。人口是台灣的三分之一，土地面積三分之二，而且以色列周邊的國家都是敵人。沒有天然資源的以色列，充滿新創的公司，經濟成長率在六十年內超過五十倍。在全世界目前最熱門的頂尖科技，幾乎都利用了以色列創業的公司，或在以色列有研發中心。

這樣一個小國，如何成為先進技術發展的應許之地？書中指出以色列全民皆兵是很重要的關鍵。然而，我們如果看以色列人服兵役的過程，可以知道他們成功的原因。戰爭時雖然講究紀律嚴明，在平常的時候，將軍和小兵之間經常平起平坐。為了解決問題，可以突破階級的藩籬。以色列人雖然注重《孫子兵法》的「嚴」，但更注重「仁」。新創公司老闆和下屬之間的相處比較像朋友，而沒有階級的感覺，有話直說，讓老闆可以修正錯誤。上下一心，公司的人都能夠團結，這也是《孫子兵法》講究的「道」。

三、有了實力再講計謀

《孫子兵法》首篇講「五事七計」，主要就是在分析敵我的「實力」。戰場上的交鋒時間短，但為了準備戰爭，耗費的人力和資源無比巨大。沒有實力上戰場也只是挨打，耗損資源，寶貴的人命一條條的喪失。有「道」的國君，不會讓人民上戰場損失性命。有「道」的老闆，不會讓員工成為「社畜」。有了實力，才會有勝算，之後再來講計謀。

講完了「五事」，孫子講「七計」。

第一個計孫子講到「能而示之不能」，做得到的事情卻假裝不會。具有實力的軍隊或人，明明可以做得到的事卻不做，為什麼呢？其中一定有其中的考量和算計。我們可以舉戰國時代趙國的例子來加以思考，趙國北鄰匈奴，游牧民族經常會來騷擾北方的邊境。當時的國君派遣李牧守邊，然而李牧一守就是好幾年，平常天天訓練士兵，給士兵吃好睡好，而且發下指令說遇到匈奴來犯，一定要進入城內，絕不可以輕舉妄動。

匈奴每次來犯，李牧就收兵。好幾年下來，趙國朝廷議論紛紛，說李牧怕戰，不敢與匈奴決一死戰。趙王接受了讒言，將李牧召回。然而，新的將領上任以後一出兵，死傷慘重，前線失利。趙王這才了解李牧的用意，再度請求李牧帶兵。然而，李牧一開始拒絕，直到趙王再三請求。李牧要求趙王要完全聽他的要求，不能臨時換將。

李牧再度回到北方帶兵，方式也像之前一樣，讓匈奴覺得他怕戰。但沒想到李牧慢慢的籌備。直到有一次將滿山的牛羊放牧在山頭，匈奴最重牲口，派出人馬掠奪。李牧見到匈奴來襲，將牲畜丟下，給匈奴飽餐一頓。當時匈奴的首領單于聽到李牧放棄滿山的牲口，以為李牧要逃跑，帶著大兵進擊。沒想到李牧此時已經布下陣勢，將單于包圍，殺敵數十萬，匈奴從此不敢進犯。

有實力卻不戰，可能實力還未培養夠，或是還沒遇到時機。戰爭耗費資源和人力，所以時機要掌握住，要能一槍斃命，讓敵人不敢再犯。有時候我們在組織或是公司當中，每天都有忙不完的事情和業務。但大部分的事情都只是在分散我們的心力，消耗我們的實力。我們要知道哪些事情重要，選擇做重要的事情，在幾個案子上立功，才會讓大家看到我們真正的實力。

第二計講「用而示之不用」與第一個計有異曲同工之妙，我們常說「用之則行，舍之則藏」，遇到對的時機則用，沒有合適的時機則藏，等待好的時機。然而，在實際的戰爭之中，我們對於「用」的時機要掌握得更好。做一次就要能夠成功。孫子並不喜歡百戰百勝的名將，因為他不喜歡打仗。如果有實力，敵人不敢輕啟戰端。最好是不要打仗，但一打就要勝。

美國著名的管理學者柯林斯（Jim Colins）有一本相當知名的書《由 A 到 A＋》，A 指的是那些優秀的組織和公司，然而到卓越的 A＋還有一段路要突破。柯林斯將組織的領導分為五級，第一級的是個人，高度有才華的個人，能夠運用知識、技能和才華對公司作出貢獻；第二級的是「有所貢獻的團隊成員」，貢獻個人的能力以外，還能與團隊其他成員合作；第三級是「勝任愉快的經理人」，能夠組織人力和資源，並且輕鬆達成設定的目標；第四級是「有效能的領導者」，激發下屬，追求清楚而動人的願景。第五級，也是最高一級，藉由謙虛的個性和專業的特質，建立起持久的卓越績效。第五級的領導者不愛出風頭，曖曖內含光，不擅表達，但具有堅毅的特質，對自己的專業有無比的堅持，這一級的領導者和孫子所說的「用而示之不用」有非常相近之處。

接下來的詭道孫子講「近而示之遠，遠而示之近」，簡單來說就是聲東擊西，欺敵之法，敵人以為我軍要從近處，其實是從遠處繞路，反之亦然。戰略上的欺騙，以假亂真，讓敵人不知如何防守。其實不只戰爭，任何形式的競爭，都暗藏著「假」，真假難分，在球賽當中我們可以經常看到。不管是大家經常看的NBA球賽，或是棒球比賽，通常都充滿著戰術上的欺敵技巧。明明看似要往左，卻向右；感覺是要自己衝鋒陷陣，卻急傳給隊員上籃，讓敵手無法分清目的，這都是這條計所蘊含的意思。

「利而誘之」講的道理很簡單，用利誘的方式取勝。為什麼要利誘？因為相對於戰爭所要耗損的人力和資源，用利誘的方式會相當節省。戰爭不是要拚個你死我活，傷人七分，自傷三分，這不是聰明的領導會做的事情。略施小技，我們就可以獲得更大的利益，這在當代的經濟學中也獲得證實。

芝加哥大學的經濟學家理查．賽勒（Richard H. Thaler）曾經出版過一本《不當行為》（Misbehaving），我們一般都認為市場有隻看不見的手會調節市場，其中有理性的部分。然而，賽勒最重要的研究就是研究人類不理性的經濟行為。芝加哥大學的經濟學研究在全世界數一數二，大部分的研究者都著重在數理的計量經濟學。相較於數學，賽勒關注的是心理學與經濟行為之間的關係。他關注人性，因為是人，所以有情感、不理性，會做一些不合理但合於情感的事情。

古典經濟學建立在經濟行為是「理性」的假設上，然而，賽勒指出人性當中雖然設定了很多的目標，但由於缺乏自我的控制，常會導致失敗。我們只要想想經常做了很多年度計畫，或是想像自己三年之後要變成什麼樣的人，做了一套看似完美的執行方法。但是，通常在剛執行沒多久之後，計畫就以失敗告吹。人性不完美，缺乏控制力，蠅頭小利，或者為了某些私欲，像是貪財好色，或是追求虛名，這也是詐騙集團能夠下手的地方。會有那麼多人可以靠詐騙生存，就在於我們容易被利誘。孫子也是看到了人性的缺點，所以才會將「利而誘之」作為勝利的計謀。

「亂而取之」就是趁亂取勝，在渾沌的局勢中，能夠看清楚亂象，然後獲取最大的好處。我們都知道現在的世界局勢紛亂，因為一場肺炎讓世界大亂，全世界無法正常交流，很多的產業，像是旅遊或是航空業都造成莫大的損失。在這樣紛亂的局勢中，台灣為什麼去年的經濟成長率在東亞國家中最好，就是我們在亂局中看清楚局勢，在肺炎疫情一開始的時候就遏阻於境外。全民防疫意識高，讓我們疫情控制的狀況全世界最好。在全世界紛亂的時候，我們的企業開始受到大家的注意，很多公司都接到國外的訂單，股市也大漲，成為亂局中全世界稱羨的對象。

孫子認為最好不要打仗，如果真要打，也要自己有實力再打。如果對方有實力，而且是個強者，我們要準備好，或者走避，這就是「實而備之」「強而避之」的道理。逃避雖然可恥，但有用，逃避就不會損失資源，也不會喪失性命。只要還有生命，就有獲勝的可能。

對方如果實力強的時候，我們不要冒險進攻，不然也只是犧牲。當我們面對一個強勁的對手，不管在職場，或是在學業上，對手很強的時候，我們要用更充分的實力來迎擊。《聖經》當中有個巨人哥利亞的故事，據說哥利亞將近三公尺高，身上的鎧甲重達五十七公斤，手上的長槍七公尺。與哥利亞正面迎擊的對手都沒有好下場，但哥利亞最後輸給了一個乳臭未乾的大衛手下。大衛年紀很小，正面迎擊哥利亞當然會失敗，「實而備之」的準備不僅是要準備實力，還要想對方的弱點。

高大強盛的對手，我們準備的方式不是開始練肌肉，或是像哥利亞一樣高，而是要想哥利亞的弱點。因為高大所以就不夠靈活，因為鎧甲很厚重，就不要跟他直接對戰。所以，大衛想到的方法是在遠遠的地方投擲石塊，哥利亞無法用他的長矛反擊，只有挨打的份。這也是我們台灣可以思考的地方，台灣很小，沒有什麼資源，面對強鄰，我們不可能直接迎擊，能夠選擇的方式就是了解自己最堅強的核心實力，然後找到對手的弱點，才會是我們的立基。我們每個人即使再強，也會有弱點，即使只是個普通人，但也有自己的核心能力可以培養，準備好自己最為堅實的部分。

「怒而撓之」不難理解，就是激將法，我們可以跟「卑而驕之」一起講一個歷史故事。「卑而驕之」的核心也是「假」，裝謙卑，讓對手放鬆心情而鬆懈，覺得你不足為敵，然後再發動攻擊。從漢朝初年的故事，我們來分析一下這樣的詭道。劉邦建立漢朝之後，由於連年的征戰，國家相當疲弱。劉邦的國策就是想要休養生息，讓民生經濟可以恢復。

然而，當時北方的游牧民族匈奴崛起，驍勇善戰的匈奴大軍壓境，有一次劉邦出征，在白登被圍，相當危急。漢朝知道此一時期還不能和單于對著幹，因為沒有實力，必須要好好準備，所以採用了「和親政策」。漢朝和單于透過皇室的女性與單于聯姻，每年也會贈送單于不少的資源，換取邊境的和平。

劉邦過世之後，他的兒子孝文帝即位，但國家的大權由劉邦的皇后呂后掌權。公元前一九二年，單于寫了一封信給呂后，拒絕了「和親政策」。單于給呂后的信大意是劉邦過世了，呂后應該會感覺到寂寞。單于在北方的草原感覺到寂寞，希望到繁華的中原來玩。寂寞與孤獨的兩人適合配對在一起，兩人互補，可以共享樂。

照理來說，一國的太后收到這樣的信，應該會覺得受到侮辱。單于以呂后單身為由，希望她下嫁。當時朝野上下都覺得相當不堪，一國的太后竟然會因為國力不振而受到這樣的對待。然而，單于使用的方式就是「怒而撓之」，刺激呂后，還有所有漢朝的文武百官。此時朝野主戰的人有之，吞不下這口氣，一定要和單于拚個你死我活。但如果此時出兵，漢朝的實力不夠，在盛怒之下，反而會中了單于的計，最後國家還有可能覆亡。

呂后的回信，就展現了「卑而驕之」的計謀。呂后說道，我漢朝只是個小地方，跟你們北方那遼闊的草原不同。而且，我也好想在你身邊，侍奉你到老。但是，我已經老了，年老色衰，走路搖搖晃晃，連自己都照顧不好了，怎麼照顧你呢？如果你一定要娶我的話，對你而言根本就是恥辱。

降低自己，是為了跳得更高。漢朝度過了這次的危機，休養生息了將近百年，一直到漢武帝的時候，決定大規模的出征，將以往所欠的都討回來。最近很熱門的日劇《半澤直樹》，講一個銀行員帶領公司走過難關，每次遇到危機的時候，先降低自己，甚至下跪。但這部日劇中的名言「十倍返還」，今天遭受的恥辱，在培養好自己的實力之後再討回來。有時候盛怒之下會作出錯誤的決策，情緒無法幫我們解決事情，只有實力和計畫能讓我們把事情做好。

孫子一口氣講了這麼多計謀，最後跟大家說了一句關鍵的話「攻其無備，出其不意」。這句話大家耳熟能詳，但不知道是用在總結這些計謀。計謀的使用一定要靈活，不能讓對手已經準備好了，要讓對方意外。在意外狀況下，對手就無法好好準備，就有可乘之機。然後說：

此兵家之勝，不可先傳也。

這是戰爭勝利的方法，不能洩漏機密。不管是戰爭或是在現在的企業組織中，都有些核心的機密。所以在新聞當中常看到政治新聞，有時候可能是一個決策，但事先洩漏了，這事情就破局。或者是一個大型企業的機密，牽涉到好幾十億的決策，讓對手知道就可以事先布局，而損失大量的金錢。管好自己的嘴巴，什麼事可以說，什麼不行說，不只在戰爭中，在工作和社會上走跳都要謹守分際。

不管是一場戰爭，或是我們在計畫未來、選擇自己工作、訂定計畫的時候。孫子跟我們說還沒有作決定的人一定會輸，但先好好計算的人就是勝利者：

夫未戰而廟算勝者，得算多也；未戰而廟算不勝者，得算少也。多算勝，少算不勝，而況無算乎！吾以此觀之，勝負見矣。

第一章

如何計畫你的人生？

原文

孫子曰：兵者，國之大事，死生之地，存亡之道，不可不察也。

故經之以五，校之以計，而索其情：一曰道，二曰天，三曰地，四曰將，五曰法。

道者，令民于上同意者也，可與之死，可與之生，民不詭也。天者，陰陽、寒暑、時制也。地者，高下、遠近、險易、廣狹、死生也。將者，智、信、仁、勇、嚴也。法者，曲制、官道、主用也。凡此五者，將莫不聞，知之者勝，不知之者不勝。故校之以計，而索其情。曰：主孰有道？將孰有能？天地孰得？法令孰行？兵眾孰強？士卒孰練？賞罰孰明？吾以此知勝負矣。

將聽吾計，用之必勝，留之；將不聽吾計，用之必敗，去之。

計利以聽，乃為之勢，以佐其外。勢者，因利而制權也。

兵者，詭道也。故能而示之不能，用而示之不用，近而示之遠，遠而示之近。利而誘之，亂而取之，實而備之，強而避之，怒而撓之，卑而驕之，佚而勞之，親而離之，攻其不備，出其不意。此兵家之勝，不可先傳也。

夫未戰而廟算勝者，得算多也；未戰而廟算不勝者，得算少也。多算勝，少算不勝，而況無算乎！吾以此觀之，勝負見矣。

第二章

我們需要準備多少資源？

一、戰爭與人生的花費

《孫子兵法》開篇講「計」，但不是權謀巧計，而是要厚積實力，然後評估勝算。之後就能開始戰爭了嗎？還早。《孫子兵法》第二篇講的是評估戰爭的成本，打仗要相當多的資源。在古代打仗，從戰車、馬匹、糧食、武器、衣物都需要準備。還有運送物資的兵士，東西壞了要修，還要傳送訊息的人，這些都耗費大量資源。

國家如果決定要戰爭，會大傷經濟。孫子認為，戰爭不能打太久，如果打仗的士兵需要一份糧食，背後還會耗費十九份糧食，裡面的十二份糧食是運送過程中部隊要吃的，七份是返回要吃的，總不能不考慮士兵的歸途。我們只要想想在家煮食的過程中，每個星期去超市買的大包小包，就讓我們花費很大的力氣，而且打仗要在外面炊煮，器具也要一起搬運，會花費龐大的資源。

如果國家要花長久的時間在打仗，會花費很多的資源，國庫會越來越窮。當國庫匱乏的時候，就會跟老百姓加稅，民怨不斷，造成惡性循環，國力自然變弱。在台灣由於承平很久，即使第二次世界大戰，美軍的空襲也沒有造成太多人員的損傷和資源的匱乏。然而，只要看看國際新聞，就會知道戰爭一直是現在式，而且都以很血腥的方式進行。

去年八月三十一日，美國與北約聯軍從阿富汗大撤退，神學士政權的塔利班占領首都喀布爾。幾乎在所有的國際媒體上，我們看到大批阿富汗人民深怕極端伊斯蘭主義的塔利班會對他們不利，幾十萬人盤據在機場，瘋狂的爭取上飛機的機會，有些人甚至抱著機輪，站在機翼上，只想要離開阿富汗。

美國入侵阿富汗的原因在於西元二〇〇一年的九一一事件。那時我是大三的學生，發生的事情仍然令我印象深刻。發生在九月十一日早晨將近八點的時候，美國航空11號航班從波士頓要飛往洛杉磯的飛機，五位劫機犯混進了飛機。另外一架飛機從波士頓也要飛往洛杉磯，在八點十五分的時候起飛，同樣由混入的五位劫機犯所挾持。

他們將飛機轉向南方，朝紐約飛去。當時紐約的世界貿易大樓有兩棟，號稱「雙子星大樓」，樓高超過四百公尺。劫機犯控制了飛機，並且將兩架飛機朝雙子星大樓開去，直接撞上，自殺性的攻擊。除了機上的人員全部死亡以外，在雙子星大樓工作的人，還有周邊因為大樓倒塌而死亡的人將近三千人。

正是因為這次的襲擊，美國發動了「反恐戰爭」，入侵了阿富汗和伊拉克，那是塔利班大本營賓拉登的藏身處。從二〇〇一年到二〇二〇年，美國為了戰爭花了多少錢？其中攻打伊拉克的時間從二〇〇三年到二〇一一年，攻打阿富汗的時間則從二〇〇一年到二〇二一年。

從布朗大學的研究裡，攻打伊拉克差不多花了一兆美元，阿富汗則是超過兩兆美元。簡單來說，戰爭的直接作戰費用包含武器、裝備，士兵們的衣服、飲食、住宿……等生活費用。除此之外，還有訓練阿富汗士兵的費用，過去二十年中，美國納稅人每年要為這兩場戰爭付出十億美元的錢。

上面的只是在戰爭中損失的金錢和資源，但人命更珍貴，美國士兵本身的死傷三千多人，但造成伊拉克人的死亡超過二十五萬人。阿富汗有超過十五萬的平民死亡。如果我們再把因為基礎設施的破壞，一般人無法獲得乾淨的飲用水，缺乏醫療，或是營養不良而造成的傷亡算進去，更難以計數。後續美國還有花大筆的預算在照顧因為戰爭而受傷的士兵，這也會造成國家極大的開支。

戰爭是殘酷的，也是花費資源的，所以沒有必要，不要輕啟戰端。如果我們把孫子的概念，應用在人生的成本上，我們也可以得到一些啟示。當我們選擇了某項科系，或是專業，還是畢業之後我們選擇某個職業。一旦開始選擇，很明顯的我們就放棄了其他種可能。

當投注在某項事情上的時候，我們要知道除了花在這項事務的時間以外，同時我們無法做其他事。如此說來，如果我們選擇錯誤，會浪費的時間就是兩倍了。我們的人生一直在作選擇，然後執行，有人做到一半放棄了，改選另一條路，然後走著走著又發現這可能不是自己的興趣。

驀然回首，我們的人生已經過了大半了。然而，《孫子兵法》無法告訴我們什麼樣的選擇才是對的，即使神仙也無法。但是我們可以用資源和成本的角度加以思考，每個人的時間都一樣。排除睡眠時間以外，我們能做事的時間就那些，所以不要瞎忙，做對的事情，比不做事情來得省時。如果不知道什麼事情「一定是對的」，我們至少可以減少犯錯的可能，少做點事情總可以了吧！

我們不知道什麼是對的，但至少知道什麼是錯的。如同我們的興趣一樣，無法知道選擇什麼工作一定是對的，但按照興趣排除不要的事物，用一張表列下來，就會知道什麼事情是不需要做的，就算做了也浪費時間。但大部分的人即使知道在錯的路上，但還是想試試。有些是因為人云亦云，別人說哪個行業賺錢就去考，考上了越念越痛苦。

現在投資市場一直上漲，但有些人沒有做任何的功課就進股票市場投資，等到買了股票下跌，不知道什麼時候才是賣出的點，還不斷的追加投入。或是我們也曾投入一些不值得的感情，明明已經發現對方的感情不在自己身上，但還是繼續投入，以為付出換得回感情，最後只能痛苦地買斷殺出。

《孫子兵法》講完了第一篇，蓄積實力之後，為什麼要我們思考資源的部分，不是告訴我們不能犯錯，而是要知道一場戰爭，或是真的投入到戰場上資源耗費巨大。如果在人生和職涯的思考上一樣如此，我們知道人生的成本是巨大的，不能隨意浪費，在還沒有找到「對」的方向時，要努力排除「錯」，即使犯了「錯」，也要趕快抽身，才有機會尋找到「對」的路。

戰爭還有人生的選擇都是成本很高的活動，在戰爭中，不是必要就不要打。如果決定要打，短兵相接，要速度快，趕緊決定勝負，才能讓成本的損失最低。人生的選擇也是如此，嘗試過了，知道錯了，要趕緊收手，不然浪費時間、金錢和資源，最後也只是徒勞。

孫子講「拙速」，聽起來矛盾，但其實是蓄積實力的時候要慢，看準時機就要快，不要瞎忙。孫子這邊也提到「取用於國，因糧於敵，故軍食可足也。」戰爭的時候，糧食很重，帶著不好打仗。孫子說要在敵國取用，糧食最好就在敵國獲取，這樣就解決了運送糧食的問題。

人類史上最強大的軍隊就是蒙古軍隊，發起大規模的遠征。然而，從《孫子兵法》的角度而言，遠行需要相當多的資源和糧食，蒙古人是如何做到糧食運輸的問題呢？蒙古人是草原上的民族，擅長行動和畜牧，在野外環境相當自在。他們和農耕民族不同，帶著自己的牲口，同時也是他們的食物，一起移動。如果遇到極端的天氣或是牲口沒有得吃的時候，靠馬奶為生。在移動的過程同時補充食物，看當地有什麼動物，隨時打獵，補充食物。

除此之外，蒙古軍「因糧於敵」的最好示範就是要求對方提供糧食。哲別在圍攻花剌子模的城堡時，先用恐嚇的辦法，跟他說如果死守城堡的話，全部會被殺光光。如果想要活命的話，就趕緊投降。由於蒙古軍從東邊一路打過來，戰無不勝，攻無不克。後來守軍因為恐懼自己打開城門投降，沒有圍攻太久，糧倉裡滿滿的糧食，讓蒙古軍飽食一頓。蒙古軍利用這座得到的城堡，作為新的起點，準備再攻擊下一座城堡，以戰養戰，讓他們繼續前進。

蒙古人以他們特有的方式解決了軍隊的糧食問題，農耕民族由於飲食習慣的關係，安土重遷，比較無法移動。但是游牧民族千年來與自然相處，善於移動，成就了世界領土最為浩瀚廣大的蒙古帝國。

如果蒙古軍是勝利的例子，拿破崙對於俄國的戰爭就是另一個極端。十九世紀初期，拿破崙橫掃歐洲，大部分的歐洲國家都在他的鐵蹄統治之下。

但只有歐洲最東邊的俄國，不受拿破崙的控制。一八一二年拿破崙集結了六十萬大軍，準備向俄國進攻。法軍一路進攻，如入無人之境，俄軍有時抵抗，但並不認真，輕輕鬆鬆就攻下了俄國首都莫斯科。

但拿破崙沒有想到，莫斯科是一座空城，裡面的所有居民已經撤走，城內完全沒有糧食，同時俄國還將所有的消防設施毀壞殆盡，民房付之一炬。拿破崙軍隊沒有糧食，也沒有房子可以住。當拿破崙軍隊進入的時候，俄軍甕中捉鱉，在城中什麼都沒有，後續的支援部隊又遭到俄軍的襲擊。

本來想要「因糧於敵」的拿破崙軍隊，只能夾著尾巴逃跑。然而，俄軍此時有著充分的資源，而且每個軍人都吃飽飽，已經等不及要開戰了。當此之際，俄國的冬天來臨，拿破崙軍隊出征時，以為戰爭會很快結束，沒有準備冬衣。酷寒的天氣，兵士們不是餓死，就是凍死，不然就是因為傳染病而死。面對孱弱的法軍，俄軍發動大規模的攻擊。等到拿破崙回到法國的時候，只剩下兩萬人。

攻打俄國成了拿破崙帝國崩潰的原因，一開始進攻得快，或許可以稱為「巧速」，但其實是失敗的開始。不管是戰爭，或是在商場和職涯上，我們要追求「拙速」。在企業界當中，將「拙速」發展得最為精湛的就是豐田，研究豐田的書有很多，像是《豐田汽車案例：精益製造的十四項管理原則》或是《豐田商學院：精細化管理的六十八個細節》。豐田在國際市場上早期贏過三星和通用，在美國市場獲得相當大的勝利。

然而，如果回顧歷史，剛進美國市場的時候，其實銷量相當差。從商戰的「因糧於敵」來說，如果所有技術人員、零件和設備都要從母公司運過來，就好像戰爭時候的武器和糧食。如果直接在當地設廠，引進當地的人員，訓練他們生產，運輸成本就會大幅的降低。

豐田在中國的發展本來很早，但銷售量一直很差。一開始他們想要「巧取」，不想要在中國設廠，訓練當地的人員，不轉移相關的技術。但是，等他們理解了什麼是「拙速」，直接移轉技術到中國，反而得到巨大的勝利。以天津為中心，和天津汽車合作，建立在中國的零件生產體系，還有行銷服務的系統。當克服了「因糧於敵」的問題時，銷售量就大規模的上升。

「因糧於敵」在實際的商場上，因為要進入別人的地盤，所以要有所取捨和交換，對手才會釋出相關的利益。在職場和社交場合中也是如此，有時我們會因為人際關係而困擾。不管是因為做一件事的態度不同，或是立場差異，在處理一件案子的時候也會因為觀點不同，而產生歧見。

如果我們將在職場上的進步視為是「讓自己成長」的人，不僅是與我們氣味相投的人才是朋友，行事風格或是做事態度不同的人都可以用「因糧於敵」加以思考。孫子要大家在敵人的土地上獲取最大的資源，我們做任何事，都要在別人那邊得到最大的資源，甚至從反對你的人獲取好處，或是向他們學習，看到對方的優點，讓自己更加成長。

二、管理情緒與時間

由於打仗耗損相當多的資源，並且會造成大量的生命損傷。為了要求勝，即使要打仗，也要速戰速決。但是軍隊移動牽涉到龐大的動員，要透過精細的管理，才能節省成本。本篇接下來說不僅資源要運用得宜，情緒和時間也要納入管理。孫子認為要兵士們奮勇殺敵，需要透過憤怒，同仇敵愾。同時，在殺敵的過程，要將敵人的利益納為己有，靠的是對於敵方財貨的覬覦，靠的是貪婪。

憤怒與貪婪，是人性，也是《聖經》當中的七宗罪。

如果要讓千萬人的部隊激動起來，憤怒最有效，然後許諾給他們殺敵後的獎賞。春秋時代，中國東北方的燕國公子子之發動叛亂。燕國的太子，也是後來的燕昭王起而平亂，雙方混戰，燕國陷入內亂。南邊的齊國覺得有機可乘，發動攻擊，殺了燕王噲。雖然燕國在內戰，但仍然擊退了齊國。

公元前二八四年，燕昭王為了報殺父之仇，對齊發動攻擊，派名將樂毅領軍，聯合趙國、楚國、韓國和魏國，半年內勢如破竹，攻下齊國七十多個城。齊國只剩下即墨和莒城尚未被攻下。有一回齊國的名將田單守城，他先使用間諜，到燕國放假消息，放出謠言說如果燕國挖齊國人的祖墳，齊國人情感一定會崩潰，會棄城投降。沒想到燕國的軍隊照做，反而讓齊軍憤慨，全軍團結，後來滅了燕國的軍隊。

不只在戰場，投資市場也是如此。華爾街的傳奇證券交易大師傑西．利維摩爾在二十世紀初說：「華爾街永不改變，股票會變，錢袋會變，但市場永不改變，因為人性永不改變。」不管是使用美金、台幣、人民幣、日幣……

金融市場中有些使用價值投資的投資者，也有想要一夕致富的投機者，多少都顯示出人性貪婪的一面。

我們知道讓軍隊激起貪婪的心是一種殺敵的手段，但上面燕國和齊國的例子顯然是建立在虛假的謠言上。田單為了激起齊軍的同仇敵愾，才放出如此的謠言。在人生的道路上，要隨時警惕我們貪婪的企圖心可能是建立在虛假的謠言上。近來台灣股票市場一直上揚，股市漲到有史以來的最高點，以往完全沒有買賣股票的人也進場操作。很多沒有賺錢的學生夢想著一夕致富，但新聞中同時聽到有因為三千元繳不出來而違約交割的消息。

大部分投資的人都是賠錢的，但為什麼書店書架上的投資書籍總是成功的法則，而沒有告訴別人失敗的過程。我們都會以為自己是那些少數成功的人，以為悲劇不會發生在自己身上。書架上滿滿的書都是關於如何在投資市場勝出？如何運用策略獲利？如何輕輕鬆鬆就賺飽飽？有《慢慢致富》，也有《快快致富》，或是《致富心態》，這些書都賣得很好，顯示大家想要致富的心理。

在一本有名的書《止損：如何克服貪婪和恐懼》當中，曾任芝加哥商業交易所董事的吉姆．保羅年紀輕輕就賺取大筆的財富，但後來賠掉了一切，喪失了他所累積的財富。然而，後來他仔細檢視自己作出的錯誤決策，分析當時的心理因素，都是因為貪婪和恐懼蒙蔽了自己，才會作出失控的判斷。在這本書中，他不講如何致富，而是說賠錢時的心理素質，讓曾經賠錢的人避免再度發生慘劇。

打仗雖然是敵我之間的鬥爭，但不是意氣之爭，不管何時何地，都要追求最大的利益。在戰場上得到了敵軍的戰車，要換上我們的旗子，並且將他們的軍備納入己用。敵人投降的話，要慰勞他們，既往不咎，要將他們的部隊成為自己的人，打敗敵人也讓自己更強。

孫子的想法在現實生活中和職場上，我們可以簡單的說成：「如何讓人喜歡我。」在職場，或是實際的工作場合，不是交莫逆之交，也不是感情上的對象。有時候遇到不投機的上司、工作夥伴或是下屬，不能輕易的表露自己的心意，以免在工作上有所阻礙。贏得好人緣，並且讓大家對你有好感，創造自身的魅力很重要。

心理學家、前ＦＢＩ的探員傑克．謝佛和知名的人際管理顧問馬文．卡林斯曾經寫過一本《如何讓人喜歡我》，聽起來像本戀愛指南，但其實不是，他們是想要在生活和工作場合中影響別人。我們如果可以影響別人，工作就容易進行，所以要別人對我們有好感。

交朋友有時候會因為天時、地利和人和，在對的時間和地點碰見，就會變朋友。心理學上有種「錯認效應」，有時候我們遇到不順遂的事情，想要找個藉口，就怪給旁邊的人，因為有一堆豬隊友所以才會讓事情搞砸。但有時候我們順風順水，做什麼事都順的時候，會以為我們自己天才，讓事情超前部署，完美達成。不管是順利或是阻礙，這都是一種主觀的「錯認效應」。

有時在工作場合或是人際的交往上可以善用「錯認效應」，假設你和同事或同學都有同樣的興趣，像是籃球、電影，或是喜歡某種類型的書，你可以跟他／她邀約去從事相同的活動。

另外就是所謂的「麵包屑技巧」，還記得童話故事中，漢森和葛蕾塔進入森林，為了要找到回家的路撒下麵包屑作為路標。然而，在《孫子兵法》中講「麵包屑技巧」則是一點一點利誘，在任何的關係中，雖然存在真實情感的互動，但有時也要花點小心機。不管是在職場，或是情侶關係，為了拉長關係的新鮮度，還有偶爾給對方一點好處，像是偶爾請同事喝杯咖啡，給情人一點小驚喜，這些都是潤滑劑。

孫子在這一章指出戰爭相當花費資源，即使要開戰，也要節省資源。同樣在人際關係和工作的場合，最為節省資源的方式就是讚美。每個人都喜歡聽好聽的話，但讚美要誠懇，不能讓人覺得語帶諷刺。如果找不到別人的優點，我們應該反省自己，每個人都一定有值得讚美之處，或許是我們看事情和做事的方法不同，才會不合。如果換個角度，或許就看得到值得讚美的地方。如果我們在人際關係上，多利用如此節省資源的方法，就會讓許多事情順利進行。

孫子在〈作戰〉篇的最後跟大家提醒的就是「兵貴勝，不貴久」，簡單說就是「兵貴神速」。如果我們思考自己的人生時，最重要的資源就是時間。不管我們身處在什麼位置，有錢或沒錢，有地位或沒地位，我們之間唯一平等的地方就是時間。世界不管如何變化，一天的時間就是二十四小時，我們不知道未來的改變是什麼，也不知道什麼時候離開人世，但時間就是如此平等。

面對平等的資源，我們應該要學會管理，並且好好利用。時間的管理就是人生，好好管理自己的人生，就能夠享受人生。管理學大師杜拉克曾經說過：「與時間的資源相比，一般被認為重要的其他資源，例如資金，在現實中是較豐富的。」「時間就是金錢」固然沒錯，但應該是「時間超越金錢」才對。

杜拉克曾經提出時間管理的三個步驟：

①記錄並分析時間
②管理時間
③整合時間

第一步要先了解自己的時間花在哪，先將之記錄下來，然後分析是否恰當。接著第二步進行管理，排除浪費的時間，或是思考如何改善，知道什麼工作是最重要的，或是什麼是不重要的。最後將能夠自由使用的時間整合出來，這樣就能進行創造性的工作。

時間的管理不只是工作時間，不只是在學校的學習時間，還包含休閒時

第二章

我們需要準備多少資源？

間，甚至睡眠時間，二十四小時都應該規劃進去。我們如果要健康，至少要七小時的睡眠時間，同時也要規劃運動時間。人際關係的培養也很重要，社交是維持我們心靈穩定很重要的基礎。家人的相處也不能放棄，他們能夠讓我們有個避風港。思考各種時間之後，加以規劃、整合，然後執行，執行的過程發現有問題，再加以改善，然後找到最適合的時間分配。

管理時間，就是管理人生，簡單來說就是「透明化」，一清二楚。有時我們常會不知道時間用到哪，所以要記錄，有意識的知道會浪費時間的地方。浪費時間要在值得的人身上，比如說情人、家人，或是自己珍惜的人。只有把其他時間都好好記錄，並且利用，就可以有時間與自己愛的人相處。

我們用一個極端的例子讓大家了解一位高度的時間管理者：現在全球的首富伊隆・馬斯克。他有七間公司需要管理，還有六個小孩，一般人都覺得需要分身才能夠做得到，但馬斯克如何管理他的時間呢？他會以五分鐘為一個單位來區分時間，一天切了好多的「時間方糖」。由於有太多的事情，馬斯克需要知道每天最重要的工作，還有最重要的活動是什麼？

除此之外，他會在照顧小孩的時候回信，在開會的時候思考一下等會要做的事情，腦袋也區分成好幾個區域處理事情。然而，要知道什麼事情是最關鍵的，馬斯克有一個「第一性原理」的理論，要了解事物背後的原理，這樣他就可以少走冤枉路，直搗黃龍，省卻很多不必要的時間。

然而，馬斯克是個工作機器嗎？不是，他的感情生活也相當豐富精采，有兩任妻子，六個小孩。非常注重家庭生活的馬斯克，會開車帶小孩上學，而且還偶爾客串演出戲劇。生活、家庭和工作都非常精采的人，一定是時間管理得宜的人。未來的社會雖然相當複雜，但是要讓自己跟上時代的速度，加快時間管理的速度，會是獲得精采人生的重要關鍵。

原文

孫子曰：凡用兵之法，馳車千駟，革車千乘，帶甲十萬，千里饋糧，則內外之費，賓客之用，膠漆之材，車甲之奉，日費千金，然後十萬之師舉矣。其用戰也貴勝，久則鈍兵挫銳，攻城則力屈，久暴師則國用不足。夫鈍兵挫銳，屈力殫貨，則諸侯乘其弊而起，雖有智者，不能善其後矣。故兵聞拙速，未睹巧之久也。夫兵久而國利者，未之有也。故不盡知用兵之害者，則不能盡知用兵之利也。

善用兵者，役不再籍，糧不三載；取用於國，因糧於敵，故軍食可足也。國之貧於師者遠輸，遠輸則百姓貧；近於師者貴賣，貴賣則百姓財竭，財竭則急於丘役。

力屈財殫，中原內虛於家。百姓之費，十去其七；公家之費，破車罷馬，甲胄矢弩，戟楯蔽櫓，丘牛大車，十去其六。故智將務食於敵，食敵一鍾，當吾二十鍾；其稈一石，當吾二十石。

故殺敵者，怒也；取敵之利者，貨也。故車戰，得車十乘以上，賞其先得者，而更其旌旗。車雜而乘之，卒善而養之，是謂勝敵而益強。

故兵貴勝，不貴久。故知兵之將，生民之司命，國家安危之主也。

第三章
追求完全的勝利

一、競爭力這件事

我們都想要勝利，都想要完成自己的夢，都想要能夠走自己的路，但其中的方法、步驟和策略是什麼？如何運用高明的謀略，而且能夠用最低的代價，達成「全勝」呢？孫子始終認為運用武力是最後的選擇，而且是最不明智的方式，要選擇其他的方式，才能真正做到「知己知彼，百戰不殆」的境界，獲得最大的勝利。

用兵的原則，讓敵人能夠全國降伏最是厲害的策略，用戰爭擊敗敵人是次等。讓敵軍全軍都降伏是上策，但要擊潰敵軍就是次等了。讓敵人每一位都降伏是上策，用打敗的方式是次等。百戰百勝不是最高明的，要能夠不用交戰就讓人可以降伏，才算是最高明的。用兵最好的方式是用謀略就可以戰勝，其次是以外交的手段，接下來才是用軍隊兵力擊敗敵人。攻打敵人的城，相當耗費人力和資源，是下下策，不得已的狀況下才會使用。

最上策就是「全勝」，不需要作戰，不需要耗損兵力，能讓對方投降，甚至把對方的力量變成自己的，才是高明的計謀。謀略、外交在戰爭中所需耗損的較少，所以善用兵的人，讓敵軍投降不需要戰爭，奪下別人的城不需要進攻，摧毀別人的國家不需要太久。要追求「全爭」，就是完全的勝利，士兵就不會疲勞。

我們現在經常思考競爭力這件事，如何和別人競爭而獲得全勝呢？不用耗損自己的資源就可以在競爭中獲得勝利，聽起來有點神奇。我們可以從大前研一的《新・商業模式的思考》來思考這件事。如果我們是製造或是販賣小家電的，看到市場上有很多的咖啡壺，像是expresso的機器，有些強調省電，有的是速度快，煮一杯咖啡本來要十分鐘，後來五分鐘就可以煮好，如果我們是製造商的話，哪一種最會收到消費者的青睞呢？

像咖啡機這樣的戰場在哪裡呢？要如何打敗市場上的對手呢？所謂的「商場如戰場」，我們如果把戰場放在咖啡機的速度要更快，從十分鐘，變成五分鐘，再到三分鐘，或是一分鐘的話，那最後就像孫子所說的「攻城」，投入很多資源在大家都已經投入的戰場，落入惡性循環，得到的利益就相對變少。

如果我們不思考在大家已經占據的市場上擊敗對手，而是思考顧客要什麼？或是喝咖啡這件事情到底代表什麼？就會有不一樣的想法。喝咖啡的人是為了快而喝咖啡嗎？大部分不是，喝咖啡的原因是為了追求一段悠閒的時間，不管是為了要一段時間的獨處，或是要和朋友們有一段聊天的時刻，對於喝咖啡的人，不在乎的是快速能夠沖泡好。而且，對於喝咖啡的人來說，有些人追求產地的品種、有人追求調和式，有的人注重手沖，有些則喜歡用虹吸式。

我曾經在紐約或是巴黎找尋好的咖啡店，當地具有特色的咖啡店，裝潢、氣氛和情調都不錯，本身使用的豆子也相當出色，但仍然是使用機器，按個鈕就解決一切。在東京或是京都，一間好咖啡館的基本條件就是手沖咖啡，手沖咖啡不是機械化、規格化的活動。相反的，手沖咖啡所追求的就是個別化、特殊化和風格化。從店主人所選的豆子、烘焙到沖泡的方式，不管是使用虹吸式還是濾網，一杯咖啡所蘊藏的不只是工作而已，還是店主人的專業與熱情。

選擇一間咖啡店所代表的是對於店主人風格的喜愛，有些咖啡店的咖啡像是強烈的節拍、有些則是厚實溫暖的音符，即使使用同一種豆子，不同的年份、水質、溫度，也會產生些微的不同。因此，咖啡壺烹煮的時間不是重點，而在於能否給咖啡更多附加的價值。

現在有更多種類的咖啡館，功能相當多樣，是上班族進公司前沉澱心情的地方、是主婦暫時遠離家務事的場所、是宅男們幻想的實踐（女僕咖啡），是閱讀漫畫、雜誌的小型圖書館。咖啡館，不只賣咖啡，還提供一個家與工作場所之外的空間，讓人可以休息、等待和喘息。

因此，在思考咖啡和咖啡館的競爭力這件事，並不需考慮咖啡要快速沖煮，反而是喝咖啡這件事給我們的價值，以及延伸出來的可能性，會更加具有競爭力。

同樣的例子我們也可以在鋼琴的市場當中見到，鋼琴這種樂器從莫札特時代到現在，形狀和彈奏的方式都差不多。在亞洲市場，自從日本人學做鋼琴，以山葉鋼琴最為知名，而且在全球的市場占有百分之四十。然而，由於現在的人娛樂選擇很多，而且居住空間狹小，彈奏鋼琴容易吵到別人，所以過去每年鋼琴的需求都大量減少。

如果是山葉鋼琴的老闆，該怎麼處理需求減少的問題呢？

如果我們想的是降價求售，用較低且品質不好的材料來做鋼琴，那會造成惡性的循環。山葉鋼琴覺得要增加鋼琴的附加價值，思考到時代的需求，增加了光學和電子數位技術的裝置。透過辨識琴鍵所發出的不同聲音，還有鍵盤按下的強弱，感知鋼琴彈奏的原汁原味。如果是一個鋼琴大師的現場彈奏，山葉的裝置可以在鋼琴上原音重現。

山葉自從幫助鋼琴增加這套裝置，受到了相當大的歡迎，開拓了新的市場，讓更多的電腦廠商嘗試跟鋼琴合作。山葉改變了鋼琴的生態，後來全力發展電子琴的技術，讓電子琴的學習人口超越鋼琴。

思考競爭力還有求勝不能用傳統的思維，即使是人家不要的垃圾，我們如果有新的思維就會有不同的想法。舉例來說，生活當中創造了不少垃圾，我們也為此困擾。台灣由於大家都喜歡買手搖杯，而且最近外食的習慣相當頻繁，讓我們製造比國外更多的垃圾。然而，我們以前只把垃圾當成需要處理、掩埋或是焚化的廢棄物。如果按照這樣的思維，就不會有新的想法。

歐洲有不少國家透過焚燒垃圾將之轉化為能源，瑞典將垃圾變成每天需要使用的電力，甚至還從其他國家進口垃圾。從數據上來看，每年瑞典全國的垃圾不到總量的百分之一。大部分的垃圾除了回收以外，就是進到了焚化爐，透過熱能供應瑞典家家戶戶的電力。瑞典能達到如此的成就並不容易，必須大家有意識的進行回收，將垃圾分類成可回收和燃燒的物質，少部分無法處理的才會掩埋。

瑞典將垃圾轉成電的方式太成功，而且垃圾還不夠用，從隔壁的芬蘭進口垃圾發電。至於焚燒垃圾不會造成環境上的汙染嗎？透過焚化爐的改善，焚燒遠比烤肉的汙染還低。孫子講「上兵伐謀」，在作戰還有人生的選擇上，我們要有競爭力不是看到大家已經知道的事情，而是要透過智慧，還有策略，才能發展出其不意的謀略。

當我們知道有些市場，或是工作情況已經飽和了，不需要在同樣的軌道上與人競爭。現在台灣相當知名的科技政委唐鳳，大家都把他當天才，但他說過所謂的競爭力就是，別人往同一個方向跑的時候，你往後跑，就會贏過大家。不要把目光都放在同一個籃子。

上兵伐謀，其次伐交。如果在謀略上無法贏過人家，只好透過外交手段，在還沒發生戰爭的時候，先行透過斡旋、溝通，還有社交的手段加以協調，穩住局面，不要往極端的方向走去。在戰國時代，最有名的外交人才就是縱橫家，像是張儀與蘇秦，透過外交手段來結盟，或是破壞彼此之間的關係，有時不費一兵一卒，僅以外交手段就能解決。

國家與國家之間必須靠外交手段，現在的工作很需要的能力則是社交、人脈與溝通的能力。在《人脈變現》這本書中指出，構成人脈的三個元素，分別是「強連結」，指的是那些同溫層，親密的家人與朋友；「弱連結」則是泛泛之交，不太認識的朋友。如果有「樞紐」，即透過參與的團體或組織，將不同的人脈網絡串接，將會產生出巨大的知識、機會與創新。

剛出社會的新鮮人，或是年輕朋友，大多是「強連結」，都是一起讀書，或是參加社團的朋友。即使在社交媒體上，也是「同溫層」，但出社會「伐交」的能力十分重要，將不同的朋友聚集在一起，創業，或是尋找到新的工作機會，都是在網路時代需要的能力。

伐謀、伐交不成，最後才是真正的戰爭行為。攻城是最浪費資源、人力，而且效用最差的方式。我們從很多證據來看，以往古代要攻城，先要紮營，大批人馬要有地方吃住，然後挖壕溝，以免城中的人攻擊。接著準備器械加以攻城，有些要挖地道、架雲梯。孫子認為打仗要「速戰」，攻城是最花時間的。即使最後贏了，攻城的一方也會損失大量的兵士，花費鉅額的資源，得到的勝利也只是慘勝。

孫子希望透過他的方式達到「保全」，全則不傷任何的事物，這是全勝的奧義。《孫子兵法》並不難讀，但也不好讀。他有理論和具體的步驟，交相使用，就會獲得全勝。在這篇中，孫子提到用兵的方法。即使是下下策的狀況，導致要出兵，但也要思考保全的方法。

如何能夠保全呢？

先考量敵我的差距，如果我軍是敵軍數量的十倍，可以包圍對方；如果是五倍，就可以進攻；如果是兩倍，敵我的優勢還不夠大，要先將對方的兵力分散。如果是勢均力敵的狀況，則要好的計謀才能出兵。

那如果軍力的數量不如人的話，孫子認為要逃避，要跑。這是非常重要的，不要逞匹夫之勇，不要有無畏的傷害。懂得避其鋒，了解自己處在弱勢，就要放棄當下，趕緊跑，之後才有再起的機會。

一九四九年國民黨政府從中國退守到台灣，由中國共產黨掌握了大陸。然而，如果看中國共產黨的發展歷史，就知道他們懂得跑，在敵強我弱的情況下，了解如何逃。共產黨發展初期只是個幾萬人的小團體，和國民黨具有國家資源，並且有外國的新式武器不同，他們只能在江西南部的窮山惡水打游擊，武器也是相當簡陋不堪使用。但共產黨知道如何逃，從江西經過貴州、廣西、四川，最後跑到了陝西北部，堅守陣地，等待局勢有利時，再以小搏大，最後統治了整個中國。

二、看清局勢

孫子追求全勝，所以要有百分之百的勝算才會打仗。沒有百分之百的勝算，敵強我弱的時候就要逃，但誰能決定什麼時候該打？什麼時候該退？其中的那位關鍵人物是誰呢？帶兵打仗的時候就是將軍，將軍是國家重要的輔佐，有帶兵打仗的專業，如果在帶兵的時候，一定要有全權的任命，不能受制於國君的牽制。

領導者要懂得授權，孫子認為國君往往會對將軍的指揮作戰產生困擾，原因在於「不知」。有句話說「不知者無罪」，但在真實的戰爭中是會造成大麻煩的，孫子認為不知道軍隊不可以往前衝的時候，國君硬要將軍往前衝；不知道軍隊不可以退的時候，硬要撤退；不知道軍隊的管理，硬要插手，則士兵會感到困惑；不知道軍隊的權責，硬要干預，士兵們會感到猜疑。帶兵打仗的時候感到困惑和猜疑，一定會造成失敗。

我們甚至可以說不知者是有罪的，當沒有「不知」的干預時，我們有全權的主導權，而且當戰爭開打的時候，要用什麼指標來衡量勝負呢？《孫子

第三章

追求完全的勝利

兵法》的字數不多，但有非常多實用的方法。在此篇中孫子提出判斷勝負的根據：

「知可以戰與不可以戰者勝」，簡單的說就是可不可以戰勝敵人要「知」。不管是戰爭或是決定一件事情，我們經常陷入焦慮，但其中包藏著情緒。戰爭通常牽涉到數十萬人的性命，不可以參雜著個人的情緒，所以「知」要站在客觀的面向上判斷。一件事情如何知道勝率，就是先思考會不會敗，到底有多少實力，自己最清楚。如果可能會敗，就先不要莽撞而行。

「識衆寡之用者勝」，什麼是軍隊的「眾」與「寡」。帶兵打仗有時少則幾千，多則數十萬人，其中牽涉到管理和動員大批的人力。戰國時代，秦國全民皆兵，滅楚就發動了六十萬人，相當於台北市四分之一的人口。調度如此龐大的軍隊需要的是管理的長才，理解每天兵士將帥的需求，數目的管理十分重要。

如果用在我們自己的人生管理上，就是理解自己有多少資源，可以投注在哪裡，計算自己還有多少時間，可以做多少事，才不會盲目追求。盧建彰導演曾經拍過一部片《22 K》，大家一聽到這樣的名字以為是在講年輕人的起薪只有兩萬兩千元的事情。但片中問大家一個問題：二十二歲畢業的年輕人，到過世還有多少日子呢？

以平均壽命八十二歲來說好了，二十二歲的年輕人再活六十年。六十乘以三百六十五天將近兩萬兩千天，不到22 K。人生看似很長，但其實沒有，年輕人以為還有很多時間，但換算成人生實際的時間後，我們能做事的時間並不多。找到自己的興趣，了解「眾」與「寡」，知道有多少的資源與時間才知道能做多少事，我們才不會浪費生命。

人生的日子本來就不長，但從高中進入大學讓我們有不一樣的人生。在台灣，成績較高就可以選擇比較好的學校，忙著拚高分，但是沒有問自己的興趣是什麼？從台灣大學電機系葉丙成教授的文章看到，四成進入台大的學生，是等到要填志願的時候才思考大學要念的系所。但進到大學的時候，又有六成發現所念的系不是自己要的。

台灣的教育出了什麼問題？

能念到台大的學生都很優秀，然而，到了快二十歲還不知道自己的興趣。他們都有一定的能力，但卻不知道把這樣的能力放在人生最重要的追求上。

即使有些了解自己興趣的高中生，但因為上一代的家庭壓力，或是按照家長的期望選擇「有前途」的系。建國中學的陳美儒老師看過很多優秀的孩子，家庭狀況也不錯。但曾經有個叫小哲的學生，而且是滿級分的孩子說自己不想讓爸媽知道考滿級分。小哲的父母親都是知名的醫師，希望兒子能繼承自己的社會地位，如果繼續習醫這條路，人生可能會一路順遂。

但小哲喜歡的是環保，喜歡動物，對於森林資源相當喜好。可以考到台大醫科的學生去讀森林資源，可能是上一代無法接受的。我記得前幾年有一部很紅的電視劇《你的孩子不是你的孩子》，請得起家教而且雙親健全的家庭，有一定的社會地位，而且關心孩子的教育，看起來幸福美滿。但背後的實際生活和孩子的心理狀況是怎麼樣呢？

留美碩士的媽媽生下品學兼優的孩子，媽媽外表亮麗，爸爸也有稱頭的工作，讓媽媽不必出外工作，只要好好照顧小孩，為什麼考上北一女的孩子會想要自殺呢？

茉莉的死讓媽媽想要追尋死因，進入女兒的世界。後來媽媽才了解到自己將年輕無法完成的夢想加諸在自己的女兒身上。茉莉渴望得到媽媽的愛，順從媽媽的意願，壓抑自己。在內心無法認同媽媽願望的時候，開始自殘，最後結束生命。

《你的孩子不是你的孩子》其中還有一篇是〈貓的孩子〉，整個氣氛有如恐怖片一般。家長喜歡在家族聚會拿孩子的成績出來比較，但成績優異的孩子喜歡藝術，在台灣的父母經常會壓抑孩子，認為他們應該要去念更有「錢」途的科系，不要變成落魄的藝術家。喜歡比較的父母，炫耀自己的孩子，無形中成為孩子的壓力，無處可宣洩的孩子只好將壓力發洩在弱小的動物上。

或許這是電視劇的極端例子，但在教育現場看到的是孩子選了自己不喜歡的系所，或是因為找不到興趣，白白浪費了四年的寶貴生命。念大學，很多人把「找工作」連結在一起，讀了台大以為會有「好工作」，但什麼是好工作？從小到大，學習文科的人經常會被人問：「讀中文以後要做什麼？」、「讀歷史以後要做什麼？」

我自己在中文系教書，每年有很多人從中文系轉出去。曾經我問一個要轉經濟系的同學：「你為什麼要轉經濟系？」他說想要學理財投資，我聽了以後笑了出來。理財投資並不是經濟系會學到的專業，很多沒有大學學歷的人也懂理財投資。這位轉經濟系的同學沒有找到自己的興趣，而且為了賺錢，他選錯了中文系，又再次選錯了經濟系。

「找工作」和「賺錢」的確重要，但沒有跟興趣結合在一起，未來的路就無法開創出來。我的《孫子兵法》是寫給當下社會閱讀，也希望在了解未來的局勢下，給大家一些建議。孫子處在一個亂世，除了看戰場上的勢，他也看當時的國際局勢。現在我們全球局勢變動快速，基本上沒有什麼系所能夠保證「會賺錢」。

而且大家都知道「會賺錢」的系所，一窩蜂去搶，那分下來的也不多了。我自己是人文科系出身的，最近看到一本書《人文學科的逆襲：「無路用」學門畢業生的職場出頭術》，發現書與我對現在和未來趨勢的想法不謀而合。這本書顛覆以往的觀念：

「人文科系所訓練的能力正是這個時代所需要的！」

《人文學科的逆襲》一書的作者喬治．安德斯（George Anders）是《華爾街日報》、《富比士》、《彭博觀點》的專欄作家，這些都是知名的財經雜誌，影響很多企業家，他也出版過很多暢銷的財經書籍，善於預測網路時代的趨勢。喬治．安德斯認為在訊息萬變的網路時代，雖然科技主導了很多事物，但是如何理解「人性」則會變成重點。隨著科技發展，解釋科技而來的數據相當重要，像是：市場研究員、行銷專員、品牌規劃師等等。

回到大家關心的錢，喬治．安德斯具體分析美國大學畢業生剛開始獲得的年薪大約是四萬三千至九萬美元之間。年薪高的主要是科技、軟體和網路業，但仔細分析下來，這些工作往往只需要證照，或是參加進修就可以完成，不一定要念個資訊、電機或網路相關的學位來獲得這些工作。

大學不是提供未來工作的技術培養場，但回到工作的「能力」來說，什麼是工作一定要具備的呢？

喬治．安德斯認為是解決事情和探索事情的能力。這個答案比較像是心靈雞湯類型的回答，但我們回過頭來思考，這個時代，很多心靈成長的書大賣，談情緒、談被討厭的能力、談面對變局的方法，不都是我們面對局勢不明時，心靈所要具備的能力嗎？

面對新時代，不只還沒有工作的人焦慮，有工作的人怕被裁員，同樣焦慮，甚至連招募的老闆怕公司被時代淘汰，也焦慮。網路時代的興起，過去的廣告業、新聞業或是公關行業，以往認為是風光，穿著光鮮亮麗的工作，可以跟大老闆和浮華世界接觸的行業，現在因為新興科技和社群媒體的興起，這些從業人員很容易被取代，對於未來相當迷惘。

我們處在高度變動的時代，舊的工作消失，新的工作還沒出現，所以需要有探索能力的人去嘗試、去實驗、去突破，然後找到一條與以往不同的道路。當科技的影響力無比巨大的時候，滲入我們所有的生活，人際關係的轉變、身體與心靈的協調、翻轉教育、多元文化……等等太多的新興議題不能用科技解決，而是回到人性的基本面。

《人文學科的逆襲》提供我們對於未來所需人才的一點建議，大學教育中的人文科系，是面對未來世界適應的能力。舉例來說：歷史學最基礎的工作就是在大量的材料當中尋求解釋，並且得出一套自己的看法。「在一個資訊滿滿卻多半無用的世界上，清楚易懂的見解，就成了一種力量。」以色列歷史學家哈拉瑞的這句話是歷史學的核心，在大量的材料中，以自身的洞見組織材料，並且提出解釋，進而成為一種說服人的觀點。

歷史知識是建立在「人」的基礎上，以往我們只想到歷史是建構過去的學問，透過分析當代的材料，並且加以比較和解釋，我們可以思考目前大量資料與資訊的數據如何分析，然後採取合適的行動。

美國近年來最熱門的工作有六種：專案經理、數位設計師、社群媒體專家、市場研究員、人才招聘員、資金募集人，這幾項工作每年有多一萬個以上的工作。這些工作，過去都還不存在，社群媒體專家要畢業於哪個系呢？以前沒有這個系，所以很多都是從人文科系出來的。人文科系關注人，社群媒體就是人與人的連結。科技的影響再大，我們都期望與人可以有心靈、身體和知識的連結。

面對龐大的網路數據，文科學生反而能夠分析數據，並且能用批判性的思考，連結不同的現象，而且將數據的呈現，確切用在行銷與傳播。現在社會沒有一個人可以專精各項工作，很多事情需要跨部門的合作，才會產生出很多專案經理，根據一個案子的屬性，連結不同的人才。要跨部門的合作，一定要有高度的溝通技巧，讓各部門都可以發揮效用。

我在國外工作的時候，時常使用 LinkedIn 這個社群媒體，它可以連結不同職業，並且為業主找到適當的人才。以往我們履歷會填的都是什麼學校畢業，一些客觀、扁平、沒有能力基礎的事實。但現在的工作越來越強調軟的實力，是在哪一項專案中，因為自己的協調能力、溝通力、領導力而讓工作完成。

我們回到《孫子兵法》在此篇最後所說的幾個法則可以知道勝利的方法，關鍵都在於心靈的能力，而不是技術性的問題。舉例來說：「上下同欲者勝」指的是上與下、長官與下屬追求相同的目標。軍隊當中有不同的人，聚集了不同地方出生的人，帶著一群人打仗，一起追求勝利，需要在士氣，還有目標管理上都有很明確的布局。讓一群散沙可以成為欲望相同的人，不只是感性的訴求，而是需要設計一套制度，讓努力的人可以往上爬、偷懶的人得到懲罰，才可以達到很好的效果。

目前沒有一個科系會符合上面的工作能力，但人文科學的訓練會比較接近。我學過歷史學，也學過人類學。人類學強調「田野調查」，要到不同的文化當中研究，並且實際居住於當地，用他們的語言溝通，獲取研究的資料。然而，了解異文化不能只是把他們當成「客觀」的研究對象，必須具備包容和關懷的能力，知道某個文化和族群之所以會這樣過生活，不僅是因為天然環境，還有可能是各種政治、文化、經濟和環境的原因所造成。

我有個好朋友是跨國科技公司的創辦人之一，大家都覺得要進科技業一定要讀電機和資工，但她是台灣大學中文系畢業的陳怡蓁。本來帶有文學夢的文藝青年，跟著先生到美國以後改念理工科的電腦資訊，寫電腦語言。但是，興趣廣泛的她對世界上所有的事情都很好奇，發現數學、抽象和代數她都很好。

不要局限自己對於世界的想像，以為理工科的就不會寫作，我有好多醫師朋友在寫作，而且得了文學大獎；不要以為文科的人就和左腦的抽象性思考無緣。陳怡蓁後來和老公張明正一起創業，一開始在台灣惠普當業務，培養談生意的方法。

然而，當年要將電腦打進台灣市場，操作手冊都是英文的，面對台灣客戶的時候總是無法理想說服客戶操作的方式。陳怡蓁有文科和理工科的背景，讀過電腦，同時具有編輯能力，結合兩種。這裡不細說他們後來一起創業的趨勢科技，發展出的 PC-cillin 防毒軟體系統打進全球電腦之中。但由此我們可以在人生的規劃上理解到不要限制自己的想像，凡事都有可能。

彈性，還有不斷挑戰時代的框架，並且追求軟實力的能力，是在這個變動時代，要看清局勢所需要的能力。即使是理工或是不同系所的學生，不要以為自己選了一個專業，可以像以往的時代從年輕做到老。在快速變動的時代，我們需要的事情是不斷的學習，為自己找到可以發揮的舞台。

《孫子兵法》〈謀攻〉篇要我們不盲從、認清局勢，才知道如何發揮最大的競爭力。戰爭的時候，只能成功、不能失敗，為什麼？因為攸關幾十萬人的性命，所以兵法上的思考，只能先考慮能否承受損失，能夠承受才打仗。最好就是不要打，有實力別人連碰都不敢碰你。

要有實力一定要看清楚局勢，打仗要看清敵我之間的狀況。現在的年輕人則要思考整體時代的變化，如果還無法完全看清時代的局勢，至少要了解自己、了解自己的興趣，不要因為家庭，或是人云亦云，聽說哪個工作有「前途」，就放棄自己的興趣。如果了解自己，在人生這場戰爭裡面就勝了一半。

這也是《孫子兵法》在這篇中最後所說的，是大家耳熟能詳的一句話：

故曰：知彼知己，百戰不殆；不知彼而知己，一勝一負；不知彼不知己，每戰必殆。

第三章

追求完全的勝利

原文

孫子曰：凡用兵之法，全國為上，破國次之；全軍為上，破軍次之；全旅為上，破旅次之；全卒為上，破卒次之；全伍為上，破伍次之。是故百戰百勝，非善之善者也；不戰而屈人之兵，善之善者也。

故上兵伐謀，其次伐交，其次伐兵，其下攻城。攻城之法，為不得已。修櫓轒轀，具器械，三月而後成；距闉，又三月而後已。將不勝其忿，而蟻附之，殺士三分之一，而城不拔者，此攻之災也。

故善用兵者，屈人之兵而非戰也，拔人之城而非攻也，毀人之國而非久也，必以全爭於天下，故兵不頓而利可全，此謀攻之法也。

故用兵之法，十則圍之，五則攻之，倍則分之，敵則能戰之，少則能逃之，不若則能避之。故小敵之堅，大敵之擒也。

夫將者，國之輔也。輔周則國必強，輔隙則國必弱。

故君之所以患於軍者三：不知軍之不可以進，而謂之進，不知軍之不可以退，而謂之退，是為縻軍；不知三軍之事，而同三軍之政，則軍士惑矣；不知三軍之權，而同三軍之任，則軍士疑矣。三軍既惑且疑，則諸侯之難至矣，是謂亂軍引勝。

故知勝有五：知可以戰與不可以戰者勝，識衆寡之用者勝，上下同欲者勝，以虞待不虞者勝，將能而君不御者勝。此五者，知勝之道也。

故曰：知彼知己，百戰不殆；不知彼而知己，一勝一負；不知彼不知己，每戰必殆。

第四章

進入戰鬥前先了解狀況

一、學會等待與隱藏

《孫子兵法》是一本有系統的書，前三篇〈始計〉、〈作戰〉、〈謀攻〉是第一部分，分析戰爭的整體概念，接下來的〈形〉篇、〈勢〉篇、〈虛實〉篇則是打仗前觀察的事項，還有用兵之道。我們現在經常用「形勢」，將之視為一個詞，其實以前「形」與「勢」各有不同的意涵。簡單來說，「形」是戰爭前觀察對方的樣子，相互試探，探探對方的虛實，了解何時該發動大軍攻擊，或是暫時按兵不動；「勢」就是戰爭開始後，彼此的互動過程，隨著現場的情況隨時調整。

如何在觀察「形」的過程中取勝？孫子說以前善於打仗的人，一定是要先達到不會被敵人打敗，然後再等待可以戰勝敵人的時機。先培養實力，再等待。前面幾章我們講到了實力在戰爭中的重要性，但有實力，學會等待，看清時機也很重要。

孫子曰：昔之善戰者，先為不可勝，以待敵之可勝。不可勝在己，可勝在敵。故善戰者，能為不可勝，不能使敵之必可勝。故曰：勝可知，而不可為。

有時候學著不做任何事，或是學會等待也很重要。世界正值大疫的年代，以往我們都習慣到處跑，想要追求全球化，與世界接軌才有競爭力，所以大家也就一味的與人接觸。但在這個時代，如何不與人接觸才會戰勝這場戰爭。在家裡讀書，等待時機，充實自己，等疫情緩和之後，我們有了實力，才能往前衝。

日本的戰國時代有個很有名的故事，當時知名的武將德川家康、豐臣秀吉和織田信長聚在一起，欣賞一隻杜鵑鳥。這時他們聊起要如何讓杜鵑鳥叫？

從武將的回答可以了解他們的個性，織田信長說：「杜鵑不啼，我就殺了牠。」不聽我的話，都可以除掉；豐臣秀吉說：「杜鵑不啼，我就逗到牠叫。」秀吉善於逗人發笑；德川家康則說：「杜鵑不叫，我等待牠叫。」

天下最後則是德川家康獲得的。

等待不只適合用於戰國的武將，曾為世界首富的巴菲特說過：「在耐心之外，隨時準備好一把上膛的槍。」等待背後有隨時觸發的準備，巴菲特在一九八七年寫給股東的公開信如此說。

管理學上還有一種專有名詞，稱為「等待效應」，正確運用在管理和行銷上，十分有用，會讓銷售能力提升，而且可以為品牌加分。人們不善於等待，尤其是沒有意義的等待，看不到目標的等待令人難受。以前我在監獄服替代役，我從台大的研究所畢業的時候，很多人都會去當軍隊的預官。如果服替代役的話，也會選擇坐辦公桌的文化役或是社會役。當時我的心態很簡單，要去一個沒有去過的地方服役。

受訓的過程中，長官問我們說：「什麼樣的受刑人最難管？」有些役男說煙毒犯、有些說殺人犯、有些說暴力犯罪。但這都不是正確答案，最難管的就是要等待最久，且看不到未來的受刑人。剛進到監獄的受刑人，如果前面還有十五年或是二十年的服刑期間，他們對於外面的生活還難以忘懷，面對前方遙遙無期的刑期，心理狀態還沒調適過來，最不好管教。

但是，那些即將受刑期滿，或是已經獲得假釋，只要半年或是三個月就可以出監的受刑人，最受管教，因為他們已經看得到自由的曙光，只要好好地將這幾個月平平安安地度過就可以。遙遙無期、看不到未來的等待讓人害怕，如果從管理的角度來看，就要盡量轉移他們的情緒。

我們也可以看到口碑很好的餐廳，外面大排長龍，很多餐廳會提供等待的顧客一些小點心，或是做些活動，讓他們不會覺得無聊。「等待效應」很有趣，可以顯示出人類心理的矛盾性格，往往我們選擇一件事情，最初都是出於自己的意思，但是時間久了，需要投注大量的時間和努力，而且前方不知道還要等多久，目標就會開始改變。

以我而言，從大學到博士畢業，一共接受了十四年半的教育。大學四年，研究所三年半，博士讀了七年。以往的人「十年寒窗無人問，一舉成名天下知」，現在讀了博士也不會人盡皆知，還會成為流浪博士或是教授，找不到正職的工作。在如此久的學習歷程裡，我很焦慮。

等待會慌，因為不知道未來會如何，懸在那裡，沒有人給你答案。最近一部全球知名的影集《紙房子》，描述一群搶匪到西班牙國家造幣局搶劫的故事，他們擄獲了幾十名人質。由於手機容易定位，而且一打開就會被警察駭進手機的電腦系統，進而打開螢幕，知道裡面的情形。每一個人質，還有搶劫的人的手機都被收起，怕警察了解裡面的狀況。

搶匪一開始進來國家造幣局都有著明確的目的，而且團隊合作，十分有默契。然而，關在造幣廠的時間一久，無法跟外界合作，加上突發狀況一直來，很多成員就產生了懷疑，開始放棄，或是內鬨。遇到這樣情況的時候，往往要更加想著自己的目標，當初為什麼要進來搶劫，為的是大筆的金錢，可以一輩子不要工作，但放棄就無法得到。

我們從小的學習同樣的可以用「等待效應」加以理解，比如說努力準備考試，考一百分有獎品或是糖果，都是生活中的實際應用。等到長大了以後，我們有了更大的目標，為了目標，學會等待，暫時拋下眼前的娛樂和玩具，有目標的等待是走向成功重要的法則。

不可勝者，守也；可勝者，攻也。守則有餘，攻則不足。善守者，藏於九地之下；善攻者，動於九天之上，故能自保而全勝也。

孫子提到要不被敵人戰勝的能力在於自己，要戰勝的人則需要敵人有可乘之機。善於作戰的人，只可以做到不被敵人打敗，卻不一定能使敵人被我打敗。勝利可以預先知道，但無法強求。兩軍交戰，會弄到兵戎相見，派出來的將領都會是一時之選，要能戰勝的人，需要掌握到好的時機。要使自己不被敵人戰勝，我們要能守住；如果想要戰勝的話，就要進攻。如果決定採取守勢，是因為兵力不足；選擇攻勢，則是兵力上相當充足。

我們可以用第二次世界大戰德國與英國之間的形式來討論，讀者比較容易從真正的戰爭中了解攻、守間的關係。德國當時在歐陸戰場上勢如破竹，消滅了波蘭，入侵了法國，讓法國臣服於德軍的鐵蹄之下。然而，當時英國沒有屈服，也沒有冒進，而是在等待時機，當中最關鍵的人物就是首相邱吉爾。英國廣播公司評選「偉大的英國人」，曾經擔任首相的邱吉爾被評選為第一名。邱吉爾不僅是偉大的首相，還曾經得過諾貝爾文學獎，也是戰爭英雄。傳奇的一生即使在死後將近六十年，仍為英國人所懷念。

邱吉爾並不是神，無法預計最後英國會走向勝利，內心充滿了恐懼和不確定，深怕英國打輸德國。在德軍即將入侵蘇聯的時候，當時英國議會和輿論傾向和德國妥協，但邱吉爾說：「當已入虎口，豈能與虎講道理？」當德國開始轟炸英國時，全國人心惶惶。

他堅信只有透過不屈不撓的意志，才能帶領英國走向最後的勝利，絕不妥協於德國的砲火。後來美國在關鍵時刻的救援，將大量的物資投入歐洲戰場，使得納粹逐漸產生敗象。結合反德的勢力，英國走過最黑暗的戰爭時刻。

至於如何善守與善攻，孫子提供了辦法。他指出善攻的人要在平日培養實力，提升水準，讓自己提升到對手無可超越的地步，一出手就要贏；善於守者則要保持住秘密，不要走漏消息。很多大型的企業，營業規模上兆，開發一個產品牽涉到幾百億的利潤，如果事先走漏消息，將會蒙受巨大的損失，所以善於守的人，就要將機密藏好。

孫子認為善守與善攻的人不容易被世人所發現，因為他們超過一般人的見識。那些可以預見勝利的人，不能算是最高明的；大家都說厲害的將軍，一直打勝仗，每個人都說棒，算不上最高明的。孫子比喻這就好像把毫毛舉起來怎麼算大力士，看得到日月怎麼算眼睛好，聽得到雷聲怎麼算耳朵靈呢？

同樣的例子我們也可以用醫師舉例，我們經常認為的名醫都是有病症才去求助，然後藥到病除。戰國時期有個很有名的神醫扁鵲，據說他家有三個兄弟都是醫師，有人問他家裡誰的醫術最高，他說大哥治病都在未發之前，所以沒有人知道他治了什麼病；二哥都在病情剛發展的時候就治療，所以大家以為他專治輕症。大家來找我，都已經病入膏肓，快要沒救的時候才來找我，以為我醫術高明，但其實我的醫術最差，大哥的醫術最好，世間的人都無法了解防患於未然的重要性。

以前那些善於打仗的人，他們在戰前就已經知道敵人易打，所以不會在戰史上面留下了不起的事蹟，也無法彰顯他們的勇猛。因為他們相當穩當，用全勝的角度思考，每一步都考量清楚，輕易戰勝那些已經處於敗局的敵人。但是，大家都喜歡有張力且刺激的故事，而不喜歡平淡無奇的發展，舉例來說：如果有兩位船長，甲船長駕駛了一艘大型郵輪，撞上冰山之後，與船共沉淪，堅守到最後一刻也不跳船，最後殉職。乙船長則是早就避開了冰山，在航道上繼續穩當的行駛，哪一個船長的故事會被拍成電影呢？

答案顯然是甲船長，鐵達尼號的故事就是如此。在電影當中呈現的，船長在最後一刻仍然死守著船，樂手們也盡職的彈奏，讓人印象深刻。但仔細想想，船長最重要的工作不就是讓船好好的行駛，不要撞上冰山嗎？同理，那些每天在自己崗位上盡好本分的機師、技工，都是讓船能夠穩定航行的幕後英雄，但不會成為電影的故事，可是卻是最重要的關鍵人物。

同樣的狀況也反應在台灣的產業，我們每天都要有電腦和手機等３Ｃ產品為伍，像是蘋果、HP、Dell、IBM、SONY……等電腦，不同的品牌都有人使用。但在這所有品牌之後的幕後英雄是誰呢？其實就是我們電子大廠的晶片，負責全球極大部分電腦裡面不可或缺的零件，讓世界所有的電腦可以運作。當現在世界局勢壁壘分明的時候，美國和中國兩個大國在競賽，爭奪世界的霸權，現在的戰爭都是電腦與科技的戰爭，晶片就是其中最關鍵的零件，所以爭奪台灣也是爭奪霸權的關鍵。

二、立於不敗之地

要在「形」上可以勝，孫子接著說要立於不敗之地。先有實力的同時，但隨時要抓緊機會打敗敵人。常打勝仗的軍隊需要做的事情就是先製造獲勝的機會，然後再開始與敵人打仗；經常打敗仗的軍隊一定是逞匹夫之勇，貿然開戰，即使獲得勝利也是僥倖。善於用兵的人，一定會修明相關的制度，並且守法講究制度，立於不敗之地。

現在的世界瞬息萬變，很難預測未來究竟會發生什麼事，甚至要選擇工作也很困難。我們可以從英國著名管理學大師查爾斯．韓第的書《第二曲線》加以思考在這個時代如何立於不敗之地。什麼是「第二曲線」？我們想像一個S形的曲線，但是橫躺著，這樣的線路象徵著所有企業，包含人生無法擺脫的命運。如果我們思考一個狀況，有些公司一開始把握了時代的氛圍，創造了一個商業模式，公司開始大為發展。起步似乎一切都相當順遂，獲利也相當好。然而，隨著時間的推移，漸漸開始出現困難，有了其他的競爭對手，技術面越來越困難，然後獲利慢慢往下降。

韓第指出以往的環境變化比較少，企業的壽命大概是四十年左右。然而，國際環境越來越嚴峻，而且各種變數越來越多。韓第調查了上萬間公司發現，現在的企業壽命差不多只有十四年。為什麼會遇到瓶頸？主因在於一般企業只會發展一個核心的主軸，這可以讓他橫空出世。但危機就在於時代變化太快，一個主軸會有極限，沒法應付時代的需求。但當發現到瓶頸的時候，對一個企業已經太晚了。

所以「第二曲線」的奧義就是要在第一條曲線到頂開始往下前就創造第二曲線，投入另一項專業，或從原來的產品中附加價值，才有可能再創造另一波的高峰。韓第討論的不只是企業管理，也包含大部分人工作上的狀況。我們現在大學所學的專業，只能讓我們應付未來十年到十五年的工作狀態，甚至更短，要如何在第一曲線下降前，趕緊找到第二曲線，是未來工作上需要考慮的。

或是說在大學的時候就多方培養自己的專業，除了自己所學的科系以外，在別的系所修課，增加自己的專長。大學就像是個九百元吃到飽的自助餐店，進去自助餐店只拿了炒飯就出去，只需要去一般小吃店就好了，不用到自助餐店。同樣科系的學生可能一班有五十人，每個人畢業都拿到相同的文憑，哪一些人能夠脫穎而出，就是在同樣的學習環境中多做了一些準備，才有可能選擇和創造出與別人不同的工作。

我們來看看韓第本人的工作，雖然說他是管理學的大師，但大學讀的卻是古希臘和拉丁文學，畢業後進去了殼牌石油擔任經理人。主修拉丁文和希臘文學的可以到石油公司當經理人嗎？為什麼不行？只要在大學時做不同的準備就有可能，我有一個小我十歲的朋友何則文，中興大學歷史系畢業後，進入鴻海工作。歷史系畢業也可以進去科技業，他如何辦到的呢？讀者可以自行閱讀他的《成就未來的你》，思考在當下可以做的努力。

韓第進入了殼牌石油公司當經理人後，覺得自己需要進修，到了管理學界最好的麻省理工學院的史隆管理學院。回到英國之後，他與當時英國商業界的精英創辦了英國第一間商學院：倫敦商學院。由於本身是文學背景出生，所以文筆和表達能力很好，寫了大量的管理學著作，韓第本人就是第二、第三、第四曲線的實踐者。

除了韓第以外，被稱為「現代管理學之父」的彼得・杜拉克，也是「第二曲線」立於不敗之地的代言人。杜拉克雖然分享管理學的概念，但他相當博學，涉獵的東西相當廣。從政治、經濟、社會、國際關係、歷史、哲學、文學、美學……等都有接觸。透過如此龐雜的知識，再系統性的用管理學的方式，深入淺出的寫作一本一本的好作品。

雖然擔任很多公司的管理顧問和大學教授，但杜拉克始終認為自己是個作家。杜拉克隨時都在追求進步，寫完了一本書後，馬上著手下本書的書寫。經常有人問他哪一本書最滿意，他總說：「下一本。」不斷進步，永遠沒有終點，這也是杜拉克的管理學的核心概念：「追求卓越。」

卓越才能不被打敗。

孫子提到的要立於不敗之地，我們也舉了一些成功的例子，但看別人做好像很容易，自己實行起來卻寸步難行。孫子提示了我們一些可以實際執行的方式，用兵打仗上要立於不敗之地有五個方法，就是「度、量、數、稱、勝」。在衡量雙方國家的土地上，有不同的面積和大小，就是「度」；由於面積和幅員的差異會產生資源上的不同，計算彼此資源的差異就是「量」。了解資源的差異就可以很明確的計算「數」，知道要準備多少士兵、多少糧草。準備好了可以打仗的士兵與資源，就可以計算彼此實力，「稱稱」斤兩，知道誰勝誰弱，由此就決定了「勝」負。「度、量、數、稱、勝」一環扣一環，立於不敗之地就是要整體的評估，不能任意行事。

有了精準的計算，還有資源的盤點就可以立於不敗之地。孫子認為勝利的軍隊與失敗的軍隊相比是占有絕對的優勢；敗兵一開始就處於絕對的劣勢。而且勝利軍隊的作戰，就像「決積水於千仞之谿」，用現代的話講即是在萬丈高處的水有如瀑布般的瀉流而下，這就是孫子所說的處於不敗之地的「形」。

日本有間大公司的老闆讀到孫子立於不敗之地的奧義後，大有啟發，就決定叫自己的公司「積水」。成立超過六十年的積水集團，本來是作化學工業起家的，社長西澤進讀到《孫子兵法》大為感動。在他創業的過程中，具體來說有兩次感受到孫子所謂的「天」。作戰的「天」是天象、地理和自然的因素。

我們在第一章說過，企業的「天」是順應時代，隨著時代的需求，發展出事業的規模。我們這個時代台積電的晶片，是所有電腦當中的核心技術，所以就是「天」。但在一九六〇年代的日本，什麼是「天」？

第四章

進入戰鬥前先了解狀況

日本在一九四五年第二次世界大戰中戰敗，無條件投降。戰爭中被美軍轟炸，所有基礎建設都毀了。我們現在很難想像沒水、沒電、沒有瓦斯可以煮飯的日子，還有餓肚子的時候，但這是戰後的日本。一個充滿饑荒的人們、一個路有凍死骨的日本。在民生必需品缺乏的時刻，什麼東西是大家最需要的？除了食物就是裝食物的器皿。食物的器皿是什麼做的？大部分是塑化原料。我們現代人生活中離不開塑膠製品，它是我們的一部分，是民生必需品。

積水化學工業一開始鎖定大家需要的塑化產品，感受到《孫子兵法》中所說的「天」，賺取了大筆的財富。一九六〇年代，日本走出戰後的陰霾。在一九六四年舉辦奧運。日本政府一系列的大型建設計畫也隨著東京奧運一起進行，像是東海道新幹線、名神高速公路、地下鐵系統。東海道新幹線在奧運開始之前的九天營運，當時成為世界鐵路技術上的大突破，時速高達兩百公里的子彈列車為人類交通史奠定重要的里程碑。

戰後殘破的東京，鋪有柏油的路面只占百分之三十，在奧運前夕則達到百分之七十，環首都圈的高速公路也完工。隨著都市的交通建設越來越發達，此時也是日本公寓和私有住宅發展的最佳時機，人口大量往東京聚集。積水集團在此時從化工轉向住宅產業，也符合了「天」時。

西澤社長將公司名字取名「積水」的意思就是要掌握「形」勝，立於不敗之地，經營事業要像千仞山澗上的水一口氣瀉下的氣勢，才能夠在商業界立足。隨著時代進步，積水集團隨時改變自己的策略，並且順應時代的「天」時。因應日本的老齡化社會，他們開始思考房屋內部的各種裝潢如何更安全，而且更體貼住民。採用通用設計（Universal Design），從房子內部的把手到樓梯的高度，還有採光的溫暖、舒適度與安全上的考量，都讓積水房屋賣的不僅是房子，而是一個溫暖的家。

人生要會「算」，孫子提供了「度、量、數、稱、勝」，「度」在人生的規劃上可以視作天生的差異，從自己的家庭背景、社會階級到學歷，這些都可以是思考自己的基準點。我們有了基準點，思考未來的藍圖時，想要成為什麼樣的人，希望以後大家如何看你這個人，對於未來有什麼規劃要有清楚的目標。從基準點到目標的距離就是「量」。夢想可以遠大，也可以很近，但要算清楚如何到達，假設到夢想的距離可以具體的劃分成一千件事情，每天可以做一件，到夢想的距離就是一千天。

如果每天沒辦法做一件，那至少做0.5件，到夢想的距離就是兩千天。「量」是可以修改，遇到問題，重新檢核，再擬定一次計畫，然後繼續執行。奧林匹克運動會紀錄上得過最多獎牌的游泳選手菲爾普斯，小時候有情緒障礙，患有ＡＤＨＤ。當時的游泳教練波曼送了一本書給菲爾普斯的母親，教她幫助菲爾普斯放鬆心情。不管是做為一個選手，或是做為一個保持情緒健康的人，習慣都很重要。

本來菲爾普斯還要吃藥解決過動症的問題，但當他找到了游泳，而且開始設定了游泳的目標，透過習慣、意志力和強健的心理狀態，就能往目標前進。十二歲的時候，菲爾普斯設下的目標是：「要獲得奧運的金牌。」但他還覺得不大可能，改了一下目標：「我要參加奧運。」

菲爾普斯有了奧運的夢想，就開始「量」自己與奧運的距離，算出來以後每天執行。菲爾普斯的訓練過程中，每天看錄影帶，醒來的時候看，睡前也看。看影帶的原因要他記得完美的泳姿，知道哪個姿勢最快而且水中的阻力最小，在腦中不斷播放完美的泳姿。如此一來，從腦袋、心靈到身體合而為一，想像手臂在水中划動的姿勢，到終點線的距離，每一步都仔細的演練過。

十五歲的時候菲爾普斯就拿到了奧運的門票，是當時最為年輕的運動員。第一次參加奧運沒有獲獎，但菲爾普斯每天仍然勤奮練習，毫不鬆懈。在二〇〇四年第二次參加奧運的時候，他獲得六面金牌，而且刷新了游泳比賽的世界紀錄，成為世界矚目的焦點。

培養一個選手需要資源，從家人、教練，還有美國有很多企業會培育和贊助選手走向奧運，這些就是「數」。很多比賽前，看看參賽選手與自己的距離，菲爾普斯當下知道過去所培養的實力已經讓他在場上無人能敵，比賽的時候只要專心將過去腦海中重複的畫面表現出來，奧運金牌就是他的了，就會達到孫子所說的「勝」。

原文

孫子曰：昔之善戰者，先為不可勝，以待敵之可勝。不可勝在己，可勝在敵。故善戰者，能為不可勝，不能使敵之必可勝。故曰：勝可知，而不可為。

不可勝者，守也；可勝者，攻也。守則有餘，攻則不足。善守者，藏於九地之下；善攻者，動於九天之上，故能自保而全勝也。

見勝不過衆人之所知，非善之善者也；戰勝而天下曰善，非善之善者也。故舉秋毫不為多力，見日月不為明目，聞雷霆不為聰耳。

古之所謂善戰者，勝於易勝者也。故善戰者之勝也，無智名，無勇功。故其戰勝不忒。不忒者，其所措必勝，勝已敗者也。故善戰者，立於不敗之地，而不失敵之敗也。是故勝兵先勝而後求戰，敗兵先戰而後求勝。善用兵者，修道而保法，故能為勝敗之政。

兵法：一曰度，二曰量，三曰數，四曰稱，五曰勝。地生度，度生量，量生數，數生稱，稱生勝。故勝兵若以鎰稱銖，敗兵若以銖稱鎰。勝者之戰民也，若決積水於千仞之谿者，形也。

第五章

造人生的勢

一、出奇制勝

上一章我們談到了「形」，要在戰前布局。開打了以後就要造「勢」。造勢這個詞，我們現在經常聽到，特別是選舉的場合。當選戰開打，要用各種方法，媒體的空中部隊，動員里長，舉辦政見發表會，創造出一股人氣滾滾的態勢，再用這股「勢」獲取勝利。造勢的方式很多，要利用管理的方式、戰術運用，還有布陣紮營，取得勝利。

《孫子兵法》講的是戰爭中的勢，我們要學習的是造人生的勢。

孫子認為不管是要管理人多或人少的部隊都一樣，要靠組織的編制，這就是「分數」。指揮少數的人如同指揮多數的人，需要的是完整的指令，這是「形名」；受到敵人的攻擊而不會潰散，靠的是「奇正」的戰術運用；接著孫子更進一步說對於敵人的打擊，要如同「以碫投卵」一般，就是以石擊卵，靠得是「虛實」。

「分數」、「形名」、「奇正」、「虛實」聽起來都相當的神秘，但我們一個一個抽絲剝繭的進入孫子的世界中，並且思考我們如何運用在現實的人生與工作中。

以往在古代的軍隊管理上，要將部隊細分成小的組織，像古代有什伍制，五人一伍；二十伍一百人為一卒；伍卒五百人為一旅；二十五旅為一軍，這是一個帶兵打仗的組織架構，有如人的骨架。架構確立了，接下來則是組織當中訊息的傳遞。在戰場上，無法用人的聲音指揮，只能透過戰鼓、旌旗和狼煙傳遞訊息。平常的訓練要確保將士們都了解訊息的意義和內涵，一個口令，一個動作。在戰爭中的時候，都要確保訓練有素、井然有序的士兵們上戰場，這就是「形名」。

「分數」和「形名」著重在組織和平日的訓練，是實力的養成，無法一朝一夕就可以達成。真正上戰場的時候，就要在戰術上出奇制勝，「以正合，以奇勝」指的就是正兵與奇兵的分別。表面上在打的就是「正兵」，還有一批可以打，敵人不知道的就是「奇」兵。

我們都聽過一句成語「背水一戰」，這就是有名的奇正戰略的運用。大家聽到「背水」，望文生義，以為是破釜沉舟，退此一步，即無死所的掉進水裡的故事。其實這只是一半的故事，故事發生在秦漢之交，韓信率領漢軍攻打趙國的軍隊，他將正兵部署在水邊，設下「背水陣」。趙軍見獵心喜，對漢軍猛攻，漢軍無路可退，反而激起士氣，相當勇猛，打得趙軍撤退。然而，韓信早已經想到趙軍會撤退，預先派出騎兵，快馬加鞭，繞到趙軍後方。等到趙軍撤退的時候，再來一個前後夾殺，殺得趙軍措手不及。「背水一戰」中的背水軍就是「正兵」，騎兵就是「奇兵」。正奇相輔，在不同的狀況下，靈活運用。

上面講「分數」、「形名」和「奇正」三種，不僅實際帶兵打仗好用，在企業管理上也是如此。很多跨國企業因為商業激烈競爭，他們想著要出奇制勝、脫穎而出的方式。現在每個人都知道麥當勞，全球速食業的龍頭不僅賣速食，甚至創造出一套制度，影響整個社會結構。麥當勞一開始思考優化自己出餐的速度，增加套餐數量，可以節省顧客選擇的時間，讓銷售的效率提高。

以往一般餐廳的供餐都是廚師的手藝，費時又不精準，麥當勞研發機器，只要按下一個鈕，固定的飲料份量就完成。在食品的供應上，員工只需要將冷凍的半製成品加熱和油炸就可以完成，讓供餐的時間降低。在清理的部分，要求到場的客人自行清理，服務人員只要清理桌面就可以，降低雇用的人數，同時也省下公司的整體成本。

這套體制就是麥當勞的「分數」，至於公司內部的「形名」，在指揮號令上就是員工的服務品質要統一。炸薯條的時候從油鍋的溫度，油炸的時間，每份薯條的份量，機器的操作都有詳細的規定。服務的問候方式，還有穿著的制服，微笑的態度，每個環節都要精準的設定，並且傳達到每個員工的服務態度上。

每個企業和組織雖然開發出來的產品不同，在市場行銷上展現創意。但回到核心的組織管理，先確認好「分數」，精細和優化組織，確立一套符合發展的管理體系，接著是組織內部的訊息溝通，然後在不同市場中出奇制勝。麥當勞在亞洲就有不同的發展方式，順應市場，與當地的市場文化結合。

美國的麥當勞很少人來店內用，大部分是用「得來速」取餐。但是，在亞洲大部分的地方，麥當勞大部分內用居多，而且最受學生族群歡迎。主因是學生在麥當勞用完餐，可以在店內聯誼，或是作為咖啡廳，用來讀書。價錢有點高又不算太高的麥當勞剛好提供學生暫時休息的地方。除此之外，麥當勞為了符合各地的餐飲習慣，也推出不同口味的餐點，符合在地的飲食需求。以原來的經營架構，找到符合當地文化「奇正」之術，才能成為縱橫全球的大企業。

在正常的狀況下，都是用「正兵」迎戰；「奇兵」之所以奇，就是讓敵軍摸不著頭緒所以可以贏。會出奇制勝的將領就是讓人眼花撩亂，像是變化無窮的天地萬物，或是像江河般的水滔滔不絕。來來去去，周而復始，有如日月更替，四時交換，讓敵軍驚訝連連。

音階不過就五種，但彈奏出來的樂色卻不絕如縷；顏色不過就五種，但調和出來的顏色卻讓人看不完；味道不過就五種，但調和出來的味道卻讓人餘韻無窮，品嘗不完。戰爭的「勢」，不就是「奇」與「正」嗎？

我們希望人生要出奇制勝，所有公司和組織也是如此。符合這個時代的「勢」就是創新。每個人都在談創新，但那不是平空生出來的，我們應該要思考什麼樣的策略才能出奇制勝呢？有一本重要的書《策略思考》，所有的人生還有工作都需要策略，公司發展也需要策略。

什麼是策略的核心呢？

英文是 insight，中文可以翻譯成洞見，或是清晰的觀點，聽起來很玄。我們先看看什麼是 insight 好了，在《策略思考》書中舉了織田信長在戰爭中發明了一種新的「三段式猛攻法」，由於以前的槍需要填充子彈，無法連續擊發，所以會產生空檔讓人有可乘之機。織田信長將我方的士兵分成三排，第一排的士兵開完之後換第二排，接著換第三排。等到第三排擊發完後，第一排又可以再度擊發，形成了不間斷的火網。

織田信長的這種打仗方式不是以前的策略，而是在原來的策略上再增加一些東西，並且發展出新的攻擊方式。我們不可能憑空想像，而是在原來的東西上面附加了新的技術、方法或是價值，就可以產生具有 insight 的策略。《策略思考》書中將 insight 定義成「為研擬出致勝的策略所必須的『頭腦運作方式』，以及運用該種頭腦的運作方式，所推演出來的『獨一無二的觀點』。」

為了求勝，這就是《孫子兵法》的核心，但我們需要用創意，並且突破既有框架的方法來思考。《策略思考》書中還提供了公式，我覺得與《孫子兵法》的想法不謀而合。

公式一：獨特的策略 = 既成理論架構 + Insight

公式二：Insight = 速度 + 視角

每個人、公司和組織都在求創新，但有時想得太慢，人家已經想到了，或者想到了創新的方式，但時代已經過了，所以要追求速度。如果能比對手或是敵人快一倍，或甚至好幾倍，就很容易可以脫穎而出、出奇制勝。

我們要如何提升思考的速度呢？去年有一部爆紅的影集《后翼棄兵》，從小在孤兒院長大的貝絲，對於西洋棋有高度的天賦。棋手在下棋的時候，腦中已經累積了過去很多的棋步，右腦主導視覺意象，腦海中呈現出來，然後有了感覺，準備要下一步的時候，需要用左腦思考，邏輯加以驗證右腦的視覺意象。

兩腦交互使用，並且多做練習布局，不管是一天的行程，一個月的行程，還是每年要做的事情。在腦海中先有影像後，然後透過邏輯，還有每日的實踐訓練自己的思考速度。除了個人的 insight 以外，團隊也要產生 insight。未來的世界裡，我們越來越難獨自作業，每一項工作都牽連著其他的工作，團隊要一起努力，並且共同創新。

戰爭就是團體要有 insight，要造「勢」，管理系統要完整，訊息溝通要清楚。孫子提出善用正奇之術，就能出奇制勝。孫子認為善於作戰者，要造成一股嚴峻緊張的態勢，進攻時要掌握快速有效的節奏，宛如一把待發的弩機，這樣一觸即發的緊迫感是要掌握住的。

二、順勢、趁勢而為

以「勢」而言，操之在己的是實力的養成，有時如果能順勢、趁勢而為，則會更輕易的取得勝利，獲得成功。在此跟讀者們分享我自己趁勢而為的例子。如果問我會期待各位以後往什麼方向發展？我還真不知道，雖然我的工作就是給學生未來工作一點的啟示，什麼意思呢？

我在中文系當教授，但從來沒有在中文系讀過書。當初聘任我的原因在於我有「實務」經驗，中文系和「實務」往往讓人摸不著頭緒，每年大學聯考的時候，網路都會出現讀中文系以後能做什麼工作的論戰。

我讀的是歷史和考古，但是曾在新創業的網路平台當過主編，而且出版過十幾本書。中文系聘我任教的原因在於做為新媒體的主編，同時嫻熟古典文獻，或許可以給學生未來出路一些想法。

上課的時候我經常跟學生提到一本書，《二十一世紀的二十一堂課》感覺好像是一本商管趨勢的書，而且一出版微軟的創辦人比爾蓋茲還有臉書的創辦人祖克柏都有寫推薦序。但這樣一本預測未來的書卻是一個研究歐洲中世紀歷史的歷史學家哈拉瑞寫的書。

「在一個資訊滿滿且多半無用的世界，清晰的觀點就成為了一種力量。」哈拉瑞說。歷史學家就是在大量的材料當中給予歷史詮釋，讓大家知道過去給我們的意義，使我們知道該如何走向未來。以往大家視為無用的人文學，但在這個變動的時代，反而彰顯了意義。

現在是二〇二一年，二〇五〇年的世界是怎麼樣？我們要知道未來的世界是怎樣，才能知道要學什麼？孩子，如果你活到差不多平均年齡，會活到這個世紀末，或是下個世紀初。過往的世界在青春期或是二十歲左右的時候，大致可以預測未來的人生，但是現在無法，我們被大量的訊息所淹沒，在這樣的世界裡，未來工作最不需要的就是提供資訊。

以往的社會，按照哈拉瑞的想法，人生主要分為兩個階段，先是學習，之後是工作，在第一階段累積各種資訊，發展技能，建立世界觀、認同。到了二十一世紀中葉，因為改變的快速，人類壽命延長，不同時期的人生，由於工作狀況不像以往穩定，也會不斷詢問我是誰？我該怎麼做？

以前的人生比較像是生產線，城市裡面有一座混凝土建築，分成相同的房間，時鐘響起，每個人都進入相同的房間，就業、工作、結婚、生子然後退休，以後的社會狀況很多工作會被取代，有百分之四十的工作會消失。面對這樣的社會，做為家長和老師，我要怎麼思考孩子的未來呢？

我常跟學生說有百分之四十的工作消失，就代表相同數量的新工作可能會產生，但已經不是生產線的單調工作，而是需要透過創意、合作和溝通的新工作。像我這樣的人，如何趁勢而起呢？

有一年我到處演講，將近百場，都是跟日本料理有關。透過一個一個故事，讓日本料理不僅是嘴裡吃的，也是長知識的文化。我經常分享的一個故事，是關於鐵板燒的：

一開始有點可怕。

你坐在一個很大的餐桌邊（餐桌同時也可以變成一個烤盤），剎那間，他就忽然出現了。這個人穿得像主廚，但他所帶來的氣氛使他無可置疑的是個作戰的武士。

他鞠躬。而你身在安全的那一邊，也向他鞠躬回禮。

他露出莫測高深的微笑，掏出了一把刀。你緊緊的抓住你的筷子。

突然間，此人化身成為一個風馳電掣的僧侶。嘶、嘶、嘶……他的刀子飛過那些成排的蝦子宛如閃光的照明。蝦子（如今已被切成入口的大小）宛如在烤盤的中心跳舞。

最後，揭曉真相的那一刻終於降臨，他把還在吱吱作響的蝦子輕拋在你的盤中。你嚐了嚐蝦子，心中有股小小的狂喜。

上面這段文字我覺得是對鐵板燒的飲食經驗最好的一段敘述。我常問下面的聽眾，猜猜看這則故事是哪個想像力豐富的作家所寫的呢？把鐵板燒的飲食經驗如此傳神的表達出來。

台下的聽眾從來沒有人答對過。這段文字來自《哈佛商學院案例研究》（Harvard Business School Case Study），介紹在美國大為流行的紅花鐵板燒（Benihana of Tokyo）如何成功的行銷、經營的故事。

企管學奉為聖經的《哈佛商學院案例研究》透過故事傳遞企業成功的秘訣，讓讀到這則故事的人都可以清楚的感受到享受鐵板燒的過程。前幾年我開始撰寫飲食文化的故事，後來出版了《和食古早味：你不知道的日本料理故事》。當時蒐集了很多日本料理的故事，透過一則一則的故事，帶領讀者領略日本料理背後的文化。

《和食古早味》銷售狀況細水長流，賣出了一萬多本，還賣出了韓文版和簡體中文版的版權。除了出版社的行銷相當出色以外，還有另外一個原因，就是這些文章一開始在「故事：寫給所有人的歷史」（storystudio.tw）網站刊出。

「故事：寫給所有人的歷史」

「故事：寫給所有人的歷史」網站在二〇一四年創辦，幾年以來，超過三千篇的文章，FB上將近三十萬的粉絲，每月觸及率將近百萬，出版超過三十本書，線下活動超過百場，成為台灣人文知識媒體的佼佼者，這就是故事的力量。

過去幾年中，我除了在「故事」網站上書寫日本飲食文化，同時擔任網站的主編（二〇一七至二〇一九年）。「故事」網站所仰賴的就是一批優秀的作者，讓我們的內容維持相當高的品質，而且沒有間段的持續產出。「故事」網站擅長的地方就是能把以往大家不關心的歷史，透過故事，講得有趣，並且在文章當中獲得知識。

一開始「故事」網站的作者都是素人，也是相當年輕的作者。二、三十歲的年紀，文章不僅在網路上獲得大量的分享，很多作者在幾年的寫作過程中已經成為相當成熟的作者，出版專書，賣出海外的版權，還代表台灣的出版品，前往法蘭克福書展，成為台灣人文的代表作。

為什麼叫「故事」？因為我們的作者都喜歡故事，喜歡用有創意的方式，讓所有的人都喜歡歷史。歷史是一個一個故事所組成的，照理來說，學歷史的人應該是最會說故事的人。但是，在時代進展的過程中，歷史學人逐漸忘卻了這個技藝。

我們都知道什麼是故事，從小還未識字前，央求父母在睡前念故事，讓我們可以進入美好的夢鄉；當我們識字之後，透過閱讀理解童話故事、神話、推理小說、愛情羅曼史……等各式各樣的故事。在人生成功與喜悅的時刻，都有不同故事伴隨著我們。

然而，藏諸民間，隨手可得的故事，不僅給予我們生活的力量，也是現在企業成功的秘訣和個人求職的利器。不僅雇主，還有員工都需要磨練說故事的能力。美國原住民的諺語說：「說故事的人統治世界。」故事給予我們未來的想像，讓聽眾都相信，沉迷於故事，願意跟隨。

全世界最賺錢的作家應當是最會說故事的人，月薪超過兩億台幣的J. K. 羅琳創造了哈利波特的世界。本來是個落魄的單親媽媽，靠著自己的創意，還有豐富的故事情節，讓她成為全世界最富有的作家，而且躋身富比士全球富人的排行榜中。人類被故事所吸引，並不是後天所習得的技能，而是天生就具有的能力，可以說我們的大腦就是為了故事所打造。

透過科學家的研究，故事會讓我們大腦中負責語言和理解的區域活躍起來，使用更多的神經元，加深記憶的印象。除此之外，故事也會在大腦中激發化學作用，產生更強烈的同理心，進而尊重差異。從人類的社群發展來說，故事讓人類成為更大的群體，因為我們可以傳承記憶，尊重其他的人，並且團結凝聚在一起，使得社群更加壯大。

當我們知道故事的神奇效用時，我們可以更進一步追問構成故事的要素是什麼？《故事的力量》中以深入淺出的方式剖析故事當中的重要元素，「關聯性」讓我們從熟悉到陌生，在故事中發現自己，投射到故事當中的角色；「新奇」也是故事不可缺少的元素，我們在故事當中想要找到熟悉感，同時也要找到引人入勝的新鮮元素，讓我們的好奇心得以滿足；平鋪直敘的故事無法讓人追下去，情節鋪排一定要有張力，保持緊張的情節是故事不可或缺的元素；有了故事的元素後，讓情節不會脫誤錯亂，維持故事的流暢度，則是說故事的人必須打磨的手藝。

數位時代的來臨，給予每個人很好的發展機會。在各種社群媒介中，我們可以說自己和別人的故事。以往可能只有作家，或是出版商才能讓讀者看到故事，但是社群時代，每個人都是自媒體，都有機會成為眾人的焦點，同時也改變了商業的模式。

新創公司會說故事不稀奇，因為他們在網路時代誕生，這個時代靠的就是說故事的口碑。但是超過百年的企業也需要故事來重整，長青企業奇異是個龐大的組織，生活中從燈泡到噴射機，所有的電器產品都看得到。然而，或許由於歷史悠久，大部分的人都覺得公司文化相當的陳舊。透過企業文化的改造，讓整個公司不僅對外部說故事，也進行內部倡議，說故事成為公司的重要文化，每個員工都樂於分享公司中正在進行的計畫，所有優秀的人才都覺得進入奇異是件很酷的工作。

有一本書《故事的力量》，我們可以看到精采的企業實例。現在世界上最酷的公司，不管是新或舊，他們在打造自己的品牌時，都讓故事提升銷售轉換率，並且透過故事找尋到最好的人才。故事的力量不只是在大企業中，在各式各樣的企業都可以實踐，甚至可以應用到生活中的各個層面。

本來像我這樣學習歷史、考古的人文學，很少人和新媒體在一起。但或許就在這個時代，資訊傳播速度太快，能夠給予清晰見解資訊的力量，反而就成為一股力量。趁勢、任勢而為，掌握市場的動態，就能夠為人生創造一條路。

《個人品牌》的作者何則文來採訪我，並且把我放在書中當成案例研究。在當下的社會趨勢，「個人品牌」就是要建立的形象，建立自身的聲譽。我們如何讓別人看到，其中不可或缺的就是「專業成就」。做什麼事都要專業，但不是說你一定要到張忠謀的程度才可以出來說專業，或是要在某個行業打滾個二十年才可以說專業。

這個時代的專業是分散性的，即使做簡報做得很專業，也可以開一堂教大家做簡報的課。或是家庭料理做得好，可以跟大家分享在家下廚的撇步。

我有一個同班同學比才，很喜歡在家裡邀請大家來聚會，發展出自己的聚會方式。從邀請客人、決定當晚的菜色，到餐桌上的氣氛，後來出了《家・酒場》這本書，還獲得金鼎獎優良圖書的推薦。

什麼都可以是專業，現在很多的人有感情上的問題，出現了很多的兩性專家。但是，兩性專家是他們很會處理感情嗎？很多兩性專家都離婚或是感情路上並不順遂。但是，他們可以歸納出自己在感情上的挫折，然後與別人分享感情路上的問題。即使受到質疑，也能有專業的應對態度。

除此之外，《個人品牌》把自己當成品牌加以經營，要給自己未來願景，還有使命的任務，我們的終極目標是什麼？在符合目標的情況下，我們能以專業提供什麼樣的服務。不僅是自己創業而已，即使在公司當中，也要思考提供給公司的服務是否符合未來的期許。如果有了明確的自我定位，就會找到合適的公司，或是在創業的路上能夠發展出不同的道路。

在這個數位時代，每個人都會留下「數位足跡」，做的事情很容易在網路上留下紀錄。所以在社群媒體上的紀錄就代表著你，美國有不少公司在看了個人履歷之後，人力資源的部門開始看這些人在社群媒體上的發言，用以確定符合公司的發展方向。數位時代，我們要利用網路造「勢」，同時要知道背後所隱藏的問題。

除此之外，從網路或是實體世界中建立彼此的人際網絡，這就是所謂的「人脈」。以往我們都覺得要做生意的人才需要交際應酬，認識一些朋友，方便做生意。然而，現在到處都有可能建立人脈的連結，在網路上發了一篇「爆文」，大家到處轉傳，每個人都想透過網路跟他連結。在網路上有很多的意見領袖，透過淺白的文字，將複雜的事情，用簡單且具有觀點的方式表達，馬上成為大家追蹤的對象。這位意見領袖被大家看到的同時，他也增加了很多新的人脈。

然而，我們要知道，網路時代雖然很快變紅，但是大家都會開始找毛病。如果沒有真才實學，或是造假欺瞞，過去做的事很容易被拿出來公審。我們要思考自己的一言一行是否符合自己的願景和目標，其中是否有欺騙的部分。如果過得了內心的這一關，而且一切符合實情，即使有再多的誹謗也只證明了你紅。

每個時代都有不同的「勢」。

什麼是勢？掌握時代的脈動，就好像強勁的水流可以讓石頭漂移，就好像兇猛的鷙鳥追捕鳥禽時以急速使得獵物骨頭折斷，此乃因為掌握節奏的關係。在戰爭中，幾萬人的運動，局勢迷茫的時候，要讓自己的人馬保持節奏，陣勢不至於混亂，這樣才可以立於不敗之地。相同的，面對時代無情的考驗，人生很難，但也不能亂了自己的陣腳。

孫子認為能夠在戰場展現出混亂的軍隊，是因為已經掌握了組織編制的方式，所以能夠欺敵，讓敵人覺得我們自亂陣腳；讓敵人以為我們害怕，是因為我們足夠勇敢；讓別人覺得我們弱小，是因為背後有強大的兵力作為靠山。讓別人看不清自己的底細，是因為我們具有完備的組織，以及良好的內、外在形勢。

所以善於欺敵的領導人，用假象展示在敵人面前的時候，敵人一定會上當。透過小利小惠引誘敵方，他們一定會看不清楚局勢而來奪取，引誘的人上鉤後，再用重兵埋伏而消滅敵人。善於攻守作戰的人，形勢如果能掌握住了，就不需要苛責部下。「擇人任勢」就是掌握合適的人才，並且掌握局勢，領導統御、指揮作戰，就像是轉動木、石一樣簡單。

當掌握了不同的「勢」，天時、地利、人和，別人看你都讓三分。

唐代有個善於作戰的李靖曾經讀《孫子兵法》，下註解：「兵有三勢，一是氣勢；二是地勢；三是因勢。」氣勢就是組織、陣法、資源、人力，那是底氣，做足了準備自然就會展現出來。「地勢」李靖曾說：「關山狹路，羊腸狗門，一夫守之，千人不過，謂之地勢。」掌握了好的地形，在關口守住，一人守著，千人都不能過。如果能先做好功課，掌握好的地形，勝利就贏得一半；因為就是確認敵情，掌握時機，李靖說：「因敵怠慢，勞役飢渴，前營未舍，後均半濟，為之因勢。」

立於不敗之地不是要蠻幹，而是要趁勢、順勢，就像木頭和石頭的性質，在平坦的地面就會停止，在陡峭的地面就會滾動。善於作戰的人，就像在上千公尺的高山上推動圓石，滾動下來時無法抵擋，這就是「勢」。

原文

孫子曰：凡治眾如治寡，分數是也；鬥眾如鬥寡，形名是也；三軍之眾，可使必受敵而無敗者，奇正是也；兵之所加，如以碫投卵者，虛實是也。

凡戰者，以正合，以奇勝。故善出奇者，無窮如天地，不竭如江海。終而復始，日月是也。死而復生，四時是也。聲不過五，五聲之變，不可勝聽也；色不過五，五色之變，不可勝觀也；味不過五，五味之變，不可勝嘗也；戰勢不過奇正，奇正之變，不可勝窮也。奇正相生，如循環之無端，孰能窮之哉？

激水之疾，至於漂石者，勢也；鷙鳥之疾，至於毀折者，節也。故善戰者，其勢險，其節短。勢如彍弩，節如發機。

紛紛紜紜，鬥亂而不可亂也；渾渾沌沌，形圓而不可敗也。亂生於治，怯生於勇，弱生於強。治亂，數也；勇怯，勢也；強弱，形也。

故善動敵者，形之，敵必從之；予之，敵必取之。以利動之，以實待之。

第五章

造人生的勢

故善戰者，求之於勢，不責於人，故能擇人而任勢。任勢者，其戰人也，如轉木石。木石之性，安則靜，危則動，方則止，圓則行。故善戰人之勢，如轉圓石於千仞之山者，勢也。

第六章

虛實互用：規劃人生的戰略藍圖

一、衡量局勢、將力氣用在對的地方

虛虛實實，實實虛虛，我們在商場或是競爭的場合經常聽到說要出奇制勝，就要讓別人摸不著頭緒，因此要出其不意。《孫子兵法》環環相扣，上一張講完奇正，接著就講用兵打仗的戰術。真實的戰爭中運用靈活的戰術讓敵人無法掌握，才能獲得勝利。

透過《孫子兵法》，我們也可以思考在人生的戰略藍圖，還有規劃上，如何贏得這場局？〈虛實〉篇孫子開宗明義地說凡是能夠先到達戰場的軍隊，等待著敵人就可以從容接招；後到達戰場的人已被人制敵機先，應付起來較為費事。善於打仗的人，可以支配敵人，而不會被敵人所掌控。

先到戰場還不算最厲害，還要能讓敵人自己前來我們所設定的戰場，怎麼做呢？要用利益引誘。如果不想讓敵人到達設定的戰場，就要用困難險阻阻礙他們。敵人如果安逸，要讓他們動起來；敵人如果吃太飽，要讓他們飢餓；敵人如果固守陣地，要讓他們頻繁的調動。

決定要出兵的話，就要在敵人無法馳援的地方，有句話很有名：「出其所不趨，趨其所不意。」後來成為我們常用的「出其不意」，就是這個意思。行軍千里也不會覺得累，那是因為走進無人之地，完全沒有碰到任何的妨礙。軍隊進攻都容易獲勝，是因為攻入了敵人沒有防守之處；防守能夠穩住陣地，因為守在敵人攻不到的地方。

善於進攻的將軍，能夠讓敵人不知道該如何防守；善於守備的人，可以讓敵人不知道往哪攻。聽起來相當神奇，而且無影無蹤，神奇到聽不見任何的聲響，所以能夠成為主宰敵人的命運。

歷史上有一場很有名的戰役，也是「圍魏救趙」成語的來源。戰國時代魏國想要併吞趙國，派了大將龐涓帶兵攻打。由於兵力相差懸殊，魏國軍隊將趙國的首都邯鄲團團圍住。趙國的國君覺得這樣下去會彈盡援絕，被魏國所攻陷，因此派使者去跟齊國求救。齊國出手援救，派了田忌和孫臏發兵救趙國。

田忌和孫臏衡量局勢，認為魏國攻打趙國的精銳部隊一定在前線。魏國首都大梁應該沒有留下太多素質優良的部隊，因此發兵圍住魏國首都。魏軍聽聞齊國發兵圍住大梁，趕緊回防。齊國的軍隊早料到魏軍會急行軍返回大梁，在半路派兵攻擊。疲憊的魏軍被早已埋伏多時的齊軍擊潰。此次的戰役具體的說明了孫子所謂的在選好的地方等待敵軍，而且讓敵軍動起來，使他們疲憊。

勝利的人選擇戰場，只有失敗的人才會受限於人。我方的軍隊攻擊，敵人無法防禦的原因是因為我們襲擊他的軟肋；我方撤退讓敵人無法追擊的原因是因為動作敏捷，讓敵方來不及回應。我們再舉一個「懸羊擊鼓」的例子說明撤退的好方法。

在戰場上，不是只有進攻。敵人人數眾多，我們勢單力薄的時候，也要懂得退，而且要退得快，退得無聲無息。歷史上的南宋因為北方的金人太過強大，退居江南。金人時常會進犯，在寧宗的時候，金兵進攻，但南宋軍隊起而防禦，大敗金軍。後來金兵調動兵馬與宋軍決戰，勢力懸殊，將近十比一。宋軍為了保存實力，只好先撤退。

如何撤退得無聲無息呢？宋軍半夜的時候，突然開始擊鼓。一般來說，古代戰爭擊鼓就是準備進攻。金軍一聞鼓聲，趕緊全副武裝，糾集部隊。但只聽鼓聲震天，卻沒有看到宋軍開城作戰。連續擊鼓了兩天兩夜，搞得金軍睡不著覺，但金軍覺得怪怪的。等到了第三天，鼓聲漸息，金軍覺得宋軍已經疲弱，便派兵包抄。一接近宋軍陣營，才發現敵營已經完全不見人煙。原來宋軍將羊綁起來，吊在半空中，讓牠全身只有前腿可以動。掙扎的羊死命地用雙腳擊鼓，讓金兵誤以為是宋軍進攻的鼓聲。

如果我們要和敵人作戰，敵人即使在固若金湯的城池中，也不得不出來與我們作戰。這是因為我們擊中了他的要害，使得他們一定要出來救援。我軍如果不想作戰，即使只是在地上隨便劃個界線防守，敵人也無法跟我們作戰。這是因為我們利用方法改變敵人作戰的方向。

《孫子兵法》的這一套方法不僅在戰爭中很好用，在實際的布局和策略中也相當實用。美國有一部電影，中文翻譯就叫《攻敵必救》，裡面的主角是位女性政治遊說家史隆女士。美國選舉的時候經常會找政治遊說公司，進行選舉策略的布局，製造選舉話題，拉抬聲勢。史隆女士運用在美國很敏感的槍枝管理問題，還有各式各樣在灰色地帶的手段，像是跟監、竊聽、賄賂、監視、威脅，為了達到目的遊走在法律的邊緣，只為了求勝，裡面所運用的就是孫子兵法中〈虛實〉篇的概念。

在策略的布局中，誘使敵人顯露自己的蹤跡，而自己卻能夠隱藏起來，就能夠讓我們的資源和軍力集中，而使敵人兵力分散。如果我們的軍力集中在一處，敵人的兵力如果大量分散的話，那麼我們就集中火力地攻擊敵人。透過布局造成我眾敵寡的態勢，如果能造成這樣的局面，能和我們作戰的敵人就有限了。

每個人的時間都很有限，將力量集中在關鍵的事情上很重要。日本知名的網球選手錦織圭在二〇一四年的美國網球公開賽中，他是第一位亞洲球員取得大滿貫單打亞軍的選手。球賽和戰略布局是一樣的事情。當錦織圭和世界排名第一的喬科維奇交手的比賽結果是：

第一盤：六比四
第二盤：一比六
第三盤：七比六
第四盤：六比三

當第二盤落後的時候，他沒有試著用盡全力去保住，而是策略性防止自己體力的消耗。作戰還沒結束，以網球這種需要爆發力的運動，體力維持到最後一刻十分重要。在要取勝的盤面上，則應全力以赴。

作戰的時候，我軍所要進攻之處，必須讓敵人摸不透，這樣他們就得處處設防。如果敵人處處設防，能夠與我軍交戰的兵力就少了。有時防備了前面，後面的兵力就少；防備了後面，前面的兵力就變少。防備了右邊，左邊的兵力就不足；左邊防備了，右邊就不夠了。到處防備，則到處的兵力就少。兵力會薄弱，是因為要處處防範敵人；擁有雄厚的兵力，是因為要讓敵人分兵防範。

從《孫子兵法》的分析來說，可以看到專注一件事的重要性，舉個例子來說，巴黎大學的約翰·布里丹教授曾經做過一個實驗。本來農場只有一堆草料，小毛驢每天就吃那堆草料，後來運來了另外一批完全一樣的草料。小毛驢嗅嗅這邊、聞聞那邊，不知道要先吃哪一堆。一直沒有作出決定的小毛驢怎麼了？

最後餓死了。

「布里丹效應」聽起來很誇張，但想想日常當中有多少會分散我們注意的事情，讓我們無法專注在一件事情上面努力。滑手機、打電動、跟同學聊天固然都是娛樂，但在有限的資源與時間內，如果我們不把精力花在重要的事情上，將會無法成就任何事情。賈伯斯曾經說過：「要對一件東西說 Yes，表示要對一百件東西說 No。」決定人生目標的時候，我們要排除很多誘惑和其他會讓我們分心的事情。

布局的時候，如果知道作戰的地點和時間，即使要跋涉千里和敵人作戰也不成問題。但是如果不知道作戰的時間和地點，就會陷入困擾，左邊不能救右邊；右邊不能救左邊；前面無法回防後面；後面無法回防前面。

作戰布局要認真的分析敵情，但是要如何才能了解呢？孫子提供了幾個方法：「策之」、「作之」、「形之」、「角之」。簡單的說就是要認真的分析敵人的狀況，偵察敵人的虛實，然後稍微試探誘導一下，接著再派少量的兵力了解敵人的真實狀況。

我們可以用實際的歷史來看看，要真正打勝仗的方法是什麼？第二次世界大戰的時候，日本侵略中國，接著往東南亞和太平洋的島嶼上進攻。美國本來不想進入亞洲戰場，專心於歐陸的戰事。然而，日軍偷襲美國在夏威夷的海軍軍港珍珠港，讓美軍決定對日本宣戰。

美國在對日本戰爭的過程，覺得這群人和以往面對的敵人不同，他們不畏死，有時戰到一兵一卒還是奮勇抵抗。他們發現如果要和這樣的軍隊作戰，自己的傷亡也會很嚴重。所以，了解敵人要先探察敵情，從理解他們的文化開始。在美國當時有不少的日本移民，美國將他們關進集中營當中，然後派出人類學家研究日本人的文化。

人類學家主要的工作就是研究人類文化的差異性和共同性，進入日本集中營的美國人類學家叫做露絲．班乃迪克。在觀察日本人的過程中，露絲漸漸理解到日本文化的核心，後來寫出了《菊花與劍》。菊花象徵日本的皇室，除此之外，日本人養菊有一種特別的方式，會在花瓣上用看不見的小線圈架在花中，讓菊花有著固定的形態。

班乃迪克認為那無形的線圈就像日本文化中的潛規則，無形的義理規範了它們的行為。他們的「武士道」精神，將身體視為是一把劍，佩劍的武士要隨時保持劍的明亮和鋒利，打磨自己、砥礪自己。班乃迪克也發現，日本文化當中沒有「罪感」，只有「恥感」，什麼意思呢？

當我們犯了錯的時候，如果內心深切懺悔，我們會衷心感到抱歉，那是一種內在的行為，覺得自己有罪。然而，日本人覺得「羞恥」是因為大家都在做一件事的時候，自己沒有做到會覺得羞恥，在團體當中無法生存。所以當大家都在為國家盡忠、為天皇赴死的時候，整個國家會陷入一種瘋狂，沒有跟大家一樣就會是一種羞恥，會讓家人蒙羞。

透過班乃迪克的研究，美國軍隊開始思考要如何面對日本人。在戰爭末期的時候，他們知道不能廢除日本天皇，甚至不能對日本天皇提出戰犯的告訴。因為，那是日本文化的核心。如果廢除了天皇，或是宣判天皇死刑，日本人可能會戰到一兵一卒，為了這個文化的存續而努力。也是因為對於日本文化做了仔細的研究，在戰爭期間，美國軍隊的領袖麥克阿瑟將軍才知道如何將美軍的資源投注在哪些地方，才能結束第二次世界大戰。

二、追逐夢想，但保持彈性，有時需要打掉重練

在戰爭中，我們會選擇、敵軍也會選擇。我們有弱點、有長處；敵軍也是，不會有完美的準備，就像考試、比賽，或是上場前的排演，都不會有完美的時候。所以，戰場和人生布局上，都會有「虛」與「實」。孫子在《虛實》篇所說的就是避實擊虛，閃躲對方最強的地方，專擊敵方的弱點。如果要簡單說明這章與我們人生戰略布局的關係就是「了解整體的情勢」、「判斷對方虛實」、「隱藏自己的虛實」。

探查敵情，認真做研究很重要，我們在選擇未來工作的時候也是如此。要好好研究就業的市場，找到與自己能力和興趣都能相符的工作。在找到工

作之前，培養好自己的實力是最為重要的工作。然而，培養實力之前要先定位好自己，知道自己是誰，探索自己的核心，才不至於隨波逐流。

從小我們只關注學業的成績，以為考得好就解決了人生的問題，沒有足夠的時間探索自我的內在。在一條輸送帶上進了高中、上了大學，知道自己要做什麼的很少。所以會有「畢業即失業」的現象。不是做得不開心，就是認為對自己而言沒有意義，卻又為薪水、學歷等世俗價值所綁住，好像擁有這些就是人生的全部了。

人生是一場面對自己、社會與世界局勢間互動的過程，自我的內在要與社會和世界對話。世界很寬廣，一定有自己可以發揮之處，但我們要找到自我與社會對話的地方，才能接軌世界。在這個過程中，我們要有謀略、有方法。有時我們會因為自己的出身而哀嘆，覺得階級和貧富已經決定了一切。但每個大學生或剛出社會的年輕人都有可以改變的可能。

我有一個年輕的朋友叫何則文，每年出版兩本書，有本書是《別讓世界定義你》，他以自己為例，父母離異由姑姑撫養，家境貧窮的他是如何把握機會，翻轉人生，造就了旁人都無法想像到的「他」？出身於文科的歷史系，他是如何提升自我的價值，達成出國看世界的理想呢？

他提出了五個步驟：

1. 掌握了時代趨勢，了解現在最有機會及有興趣的方向。找尋階級的突破口，才能有效的知曉之後要面對的困難。

2. 建立清單，寫定計畫，瞭解自己缺乏什麼、擁有什麼以及需要什麼，盤點資源、建立清單以確定之後要進行的行動目標。

3. 仔細思考與人的互動相處的進行模式有哪裡需要增強，該用怎樣的態度面對。成為自己的貴人、建立良好的溝通及處事方式都是在社會上生存的重要方法。

4. 進一步的定義自己，面對遇到的痛苦與挫折，過度的恐懼往往是多餘的，並且要思考在這個資訊爆炸的世界中，審慎的判斷資訊的真實性，並抱持懷疑的態度思考，如此才能客觀的看清楚事情的真相。

5. 多看別人的經驗，了解其他人成功和失敗的經驗，才有更多的參照。

帶兵打仗和規劃人生的未來有點類似，都要看清楚形勢，然後知道職場的虛實。掌握自己的人生，不要為了多餘的事情浪費時間，像何則文這本書裡面有個小故事「大嬸不喜歡皮卡丘」，那也不是皮卡丘有哪裡不好，只是單純不是大嬸的喜好而已，同理，有人不喜歡自己也不會是自己或對方的問題，只是想法不一樣，就像喜歡皮卡丘的受眾本來就不是大嬸，不用為了生命中的路人浪費時間和心力。

多嘗試把握機會是好事，但如何選擇還是該留給自我，作決定前的再三評估是很重要的，過去的種種選擇使何則文走上了這條路，他在書中不停想呼籲的即是：改變自己的人生要靠理想的計畫和堅定的信念。

除了追求理想外，當然還有許多絆住我們腳步的阻礙，計畫趕不上變化，但是在一定範圍內保留空間和彈性是允許的，別讓世界定義你，雖然我們無法抵擋世界浪潮的快速變化，但可以試著打造自己的衝浪板，乘著浪往更遠的地方前進，即使偶有跌倒，只要仍握緊心中的那塊板子，必能往心中所期望的航道前行。

保持彈性需要心理的調適，尤其在新冠肺炎嚴重影響下的今日。本來台灣隔絕於世界，海角一樂園，全世界都受疫情影響而大亂的時候，我們控制得宜，過著平常的日子。然而，去年五月十九日升級為三級警戒之後，大多數人除了必要的生活採買才會外出，盡量減少接觸，整天只能待在家中。

本來計畫的事情泡湯，計畫的出遊取消。疫情對於旅遊業和餐飲業有著重大的影響，服務業就是接觸的行業，透過餐飲或是旅行的服務，讓人們感到溫暖與溫飽，但新冠病毒就是接觸性病毒，要我們盡量的降低接觸與獨處。由於我寫過好幾本飲食文化的書，所以有不少經營餐飲的朋友。

高檔的餐廳講究服務，一道一道的菜講究擺盤，在燈光美、氣氛佳的環境用餐，是一大享受。無論是年輕人喜歡的吃到飽，還是燒肉和火鍋的料理，這些在狹窄飲食環境中，感受熱度的料理，更是疫情期間無法享用的。開餐廳需要成本，從房屋的租金，開店所需的裝潢、設備等硬體設施，還有員工的薪水，疫情期間每開一天就虧一天。

台灣外食的人口有八成五，大部分的人平常都在外吃飯。七千多家的餐廳營業額在三級警戒期間只有原來的四成，全都改成外送和外帶。然而，面對時代的變局，就像一場戰爭，只有保持彈性，並且加以應對，才能留下來。

當餐飲業的消費者不出門，危機就是轉機，業者想出很多創意的方式，讓消費者在網路上可以訂購，並且大量布局外帶、外送，與電商購物網合作。台灣唯一一家的米其林三星餐廳頤宮，面對變局也得改變，外送片皮鴨四吃和水煮活龍蝦。

我有一個開連鎖燒肉店的朋友，由於大家無法到店內飲食，就經營燒肉的生鮮超市，而且推出「雲端燒肉訂閱制」，將在店內的燒肉設備外送，下訂後可以在家裡享用在店內吃燒肉的體驗。

在變化莫測的疫情中，我們就像身處戰爭中。餐飲業者求生存，一般人的生活形態大幅的改變，學生的學習必須改為線上。就個人的心理層面，還有未來的發展來說，孫子提示我們要計畫，而且像水一樣靈活，我們可以開始盤點生活，每天到底做了哪些事情，從追劇、線上學習、讀書、滑手機、睡覺、社交，每個占了多少時間。

列下來每天做的事情，然後想想這是我們要的生活嗎？如果有很多自己的時間，我們想要在哪一個方面更好、更突出、更專業，那些以往沒有時間增進的技能，是否可以利用這段時間加強。以往想加強某個語言，現在有很多線上練習的互動授課，我們也可以增進自己的語文能力。或是開始培養自己新的技能，開始自炊的生活，了解食物與身體的關係。或是開始在家重量訓練，人生隨時都有可能有突如其來的轉變，我們要保持彈性，有時會需要砍掉重練。

我很喜歡看日本的綜藝節目《跟拍去你家可以嗎？》（家、ついて行ってイイですか？）在車站等待搭乘不到最後一班電車回家的旅客，藉由代付計程車費，然後進到別人家裡，了解他們的生活。

各色的人都在節目當中出現過，每個人的人生故事也相當精采。有一位年輕女生錯過了末班電車，製作單位陪她回家後，通向二樓的電梯有方便輪椅爬升的升降機。父親由於脊髓損傷，下半身不良於行，坐著輪椅下來。然而，製作單位在家裡的照片上看到了偶像歌手長渕剛與父親的相片，還有滿滿的獎盃，都是父親舉重獲得的獎盃。

製作單位問父親為什麼不良於行，當初因為擔任樂隊管理員，做為現場的工作人員，在一場巡迴的搬運途中，卡車中很重的東西壓下來，背骨斷了，無法走路。

然而，他想到的是：「既然沒法走路，就只能考慮其他能做的事了。」選擇成為音樂現場的工作人員有後悔嗎？完全沒有！因為長渕剛是他的偶像，跟著偶像一起是他人生的夢想。長渕剛後來的演唱會繼續雇用他當工作人員，而且每次都會接送他。來回一個月之後，發現自己即使不良於行，也可以繼續工作，增加了自信。

二〇〇二年脊髓損傷，在二〇〇四年的雅典奧運看到了帕奧的舉重項目，才開始練習舉重。一邊繼續在長渕剛的演唱會上擔任工作人員，一邊練習。後來由於害怕影響長渕剛的演唱會行程，想要完全投入舉重，並且代表日本參加奧運，跟長渕剛說：「無論如何我都要去參加奧運。」在二〇一一年完全投入運動，二〇一二年的倫敦、二〇一六年的里約奧運，都代表日本出場。

倫敦奧運得到第九名，里約奧運得到了第五名。

從鏡頭上可以看到，在家裡的每個空間中都可以練習，帶著輪椅仰體向上，廁所也可以健身，利用扶手訓練拉力。二〇一五年獲得了世界握推的冠軍，但不是身心障礙者的，而是一般人的。當時所有選手中，只有他是身心障礙者。他用弱小的身體，強健的上半身，舉起了一百四十五公斤，成為了世界冠軍。

「成為障礙者之後全心投入，才可以參加奧運，如果以前身體健全的話可能不會練到這樣的地步。在某種程度上，也算是享受了第二次的人生呢！」

在舉重練習中都會聽長渕剛的歌，〈Stay Dream〉是長渕剛從絕望走出來的歌，當腿不能動以後，聽著〈Stay Dream〉走出來。二〇一六年當他從里約回來之後，長渕剛說：「你超強的！」人生的偶像跟他說了這句話，有如神啟。

採訪最後，製作單位問女兒父親是什麼樣的人，女兒說：「唯一尊敬的人。」女兒說父親一邊承受著這些，一邊負擔家裡的經濟，還完成自己的夢想，讓自己也想要這樣做。

電視取材三年之後，二〇二〇年十二月製作單位再去追蹤，二十九歲的女兒已經生子，還成為創業的老闆。然而，父親二〇一九年得了褥瘡，屁股的皮膚壞死，發燒住院了一陣子，在二〇二〇年一月開始重訓。本來以為沒事，但五月又換了腎盂炎，無法正常排泄，也無法練習。東京奧運的延期他反而覺得是幸運的事情，可以重新鍛鍊，現在反而是狀況最好的時候。

二〇二一年八月二十四日，東京帕拉林匹克運動會開始，三浦浩在生病之後，代表日本參加四十九公斤級的舉重。不管成績如何，我的生命被他啟發了。

有些身心障礙者是天生的，有些是後天的；因為一場意外，一場無可承受的重量壓在自己身上，讓人生跟過去所預想的不同，但第二個人生也就開始了。

〈Stay Dream〉

令人想死的程度的痛苦悲傷
死んじまいたいほどの苦しみ悲しみ
總體會過一、兩次如此的心情
そんなものの　ひとつやふたつ
無論是誰都背負著一些東西

第六章

虛實互用：規劃人生的戰略藍圖

誰もがここあそこに　しょい込んでるもの
即使坐著悶悶不樂，答案也是Nothing
腰をおろし　ふさぎ込んでも　答えはNothing!

人生會有意想不到的發展，我們雖然有很多的計畫，但當變化來的時候，保持彈性，開始展開「第二個人生」，重新布局，獲得下一次的勝利。孫子的「形」是在戰場上不露出任何的蹤跡，這就是「無形」。

因為不露蹤跡，所以即使敵軍安排間諜在我們這裡，也無法了解我們的底細；即使敵人再聰明，也想不出謀略。所謂的「無形」講的是心理方面的素質，是謀略、計謀，讓敵人抓不住我。在人生的規劃上就是不要被限制住，以為自己一定要做什麼，即使局勢已經注定失敗，還是要往前衝，那就會倒下。

人生遇到問題的時候，無可控制的場面時，我們要試著做不同的變化。戰場上就是要先派出一點軍力探探敵人虛實。在此舉一個歷史故事。春秋的時候魏武侯曾經問將軍吳起，如果兩軍相遇，不知道對方的能力如何，要怎麼辦？吳起認為要先派一小批將士去攻擊他們。而且不要花全力打，目的只是要測試對方的實力，打了就退，然後觀察敵人的動向，如果他們追擊，假裝追不上，而且看到我們落下的資源都不撿，那就是知道我們設局矇騙，他也用計中計來設局騙我們，對方的將領很顯然是智將。

厲害的軍隊就是將方法和制勝的策略都告訴大家，大家也不知道箇中妙處。即使大家都知道我如何取勝，但也不知道為什麼我要運用如此的方法。每次作戰都會根據不同的形勢，採用不同的戰法，沒有固定不變的方式，簡單地說就算答案給你看也不會抄，抄了也會錯。

帶兵打仗的形勢就像水一樣，水從高處流下，所以作戰的原則就是要避開高處，順勢而下。帶兵的策略就是要避開敵人的堅實之處，攻擊其弱點。水會因為地勢的關係而改變流向，帶兵打仗也要因為情勢的變化來靈活運用策略。

從孫子的思想來看，我們思考與制定策略除了要有豐厚的實力外，還要有彈性、會變通，靈活運用。時代的局勢一直改變，我們除了制定計畫之外，隨著環境的變化，也要有彈性，隨時根據狀況而改變計畫。帶兵打仗很難說有一個不變的準則，就像水沒有固定的形態。能夠採取適當策略的就能獲得勝利，就是真的「神」。其中的道理就像五行的變化，相生相剋，或是像春夏秋冬的更迭，也像白天有時長有時短，月有陰晴圓缺，都說不準，也不好說，只能隨著形勢而改變。

原文

孫子曰：凡先處戰地而待敵者佚，後處戰地而趨戰者勞。故善戰者，致人而不致於人。

能使敵自至者，利之也；能使敵不得至者，害之也。故敵佚能勞之，飽能飢之，安能動之。出其所不趨，趨其所不意。

行千里而不勞者，行於無人之地也。攻而必取者，攻其所不守也；守而必固者，守其所不攻也。故善攻者，敵不知其所守；善守者，敵不知其所攻。微乎微乎，至於無形；神乎神乎，至於無聲，故能為敵之司命。

進而不可禦者，沖其虛也；退而不可追者，速而不可及也。故我欲戰，敵雖高壘深溝，不得不與我戰者，攻其所必救也；我不欲戰，雖畫地而守之，敵不得與我戰者，乖其所之也。

故形人而我無形，則我專而敵分。我專為一，敵分為十，是以十攻其一也，則我衆而敵寡。能以衆擊寡者，則吾之所與戰者，約矣。吾所與戰之地不可知，不可知，則敵所備者多，敵所備者多，則吾之所與戰者寡矣。故備前則後寡，備後則前寡，備左則右寡，備右則左寡，無所不備，則無所不寡。寡者，備人者也；衆者，使人備己者也。

故知戰之地，知戰之日，則可千里而會戰；不知戰之地，不知戰之日，則左不能救右，右不能救左，前不能救後，後不能救前，而況遠者數十里，近者數里乎！以吾度之，越人之兵雖多，亦奚益於勝敗哉！故曰：勝可擅也。敵雖衆，可使無鬬。

故策之而知得失之計，作之而知動靜之理，形之而知死生之地，角之而知有餘不足之處。故形兵之極，至於無形。無形，則深間不能窺，智者不能謀。因形而措勝於衆，衆不能知。人皆知我所以勝之形，而莫知吾所以制勝之形。故其戰勝不復，而應形於無窮。

夫兵形象水，水之行，避高而趨下；兵之勝，避實而擊虛。水因地而制行，兵因敵而制勝。故兵無成勢，無恒形，能因敵變化而取勝者，謂之神。故五行無常勝，四時無常位，日有短長，月有死生。

第七章
實際作戰的懶人包

一、風林火山的真諦

《孫子兵法》講概念、講理論，但也講實際的方法，可以說相當完整，不是閉門造車，也不是紙上談兵，相當實用。從第一篇的〈始計〉到第六篇的〈虛實〉，講的多是道理和戰略。

但實際打仗是面對真槍實彈，有言：「革命不是請客吃飯。」打仗和面對人生也不是輕鬆的事情。在戰場上要觀察形勢，然後作下判斷。我們要開車或是使用任何工具之前，都有一些基本注意事項，現在還有很多網路的「開箱文」和「懶人包」，讓大家可以知道快速的使用方式。第七篇〈軍爭〉和

第八篇〈九變〉在這裡我簡單的整理成兩大部分、六個步驟，讓大家循序漸進加以理解。

一開始我們講用兵的方法，是將領接受國君的命令，開始徵召民眾，組織軍隊，然後準備開戰，與敵軍對峙，這之中最為困難的就是要與敵人爭取優勢。爭取優勢有幾個方式：

1「以迂為直」，將迂迴的遠路轉變成捷徑

讓敵人的捷徑變成迂迴曲折。我們舉歷史上的重要戰役作為例子，決定日本歷史最重要的戰役之一，就是織田信長在桶狹間打敗今川義元。織田信長認為情報很重要，派出三十名間諜到處刺探敵情，透過不同的情報來源，了解到今川軍覺得勝券在握而輕忽大意，這讓織田信長可作更縝密的布局。很多比賽或是考試，如果我們一開始就覺得輕鬆而掉以輕心，反而會大意失荊州。

知道敵人放鬆心情的時候，反而要振奮自己軍隊的心情。織田信長在出征前弄了一點小心機，士兵們在熱田神宮祈願的時候，殿內的鐘聲突然想起，

讓士兵們以為是神諭，為吉兆。我們現在考試或是比賽前，也會看看星座運勢或是到廟裡求籤拜拜，這都是為了振奮士氣而做的事情。

今川軍對織田軍的人數，前者是兩萬五千名兵士，後者是兩千人，根本是天差地遠。織田透過第三方，送酒給今川，名義是勝利的美酒。今川軍不知道是織田送來的，竟然在還沒打仗前就開始喝了起來，而且酒精會讓人開心，麻痺自己的感官。對戰的前一天相當炎熱，士兵們喝了酒就開始將盔甲脫掉。

當今川軍都喝得爛醉的時候，剛好又下起大雨，視線不明。所謂的桶狹間就是山谷狹窄之處，趁著天候不佳的時候，衝進狹窄的谷間隙地，讓今川軍措手不及。

以上的說明都證明了織田信長用看似迂迴的方式，派出間諜，認真調查，振奮士氣，而且利用酒精、地形和氣候等複雜的因素打贏這場戰役。戰爭不是上場打打就好，要知道戰爭會造成很多的傷亡，而且要動用龐大的資源。我們為了一場考試，或是一場競賽，往往熬夜好幾年的寒暑，為了在關鍵時刻一較高下，所以看似迂迴的戰術，其實是打贏戰爭最直接的方式。

如果只是為了爭取快速即時的勝利，或者是一下要獲勝，或是剛入職場的年輕人，想要趕快賺到錢，有時會蘊含著危險。現在由於年輕人畢業後的工作不好找，所以有很多詐騙集團利用如此的心理，表面上說要讓年輕人快速致富，但可能是進入非法的行業。賺取財富當然是人生的勝利，但要將人生作一個整體的考量，我們要如何利用合法、合理的方式賺取財富，才會是長遠之路。

因此孫子認為如果軍隊帶著所有裝備前去遠方赴戰，要花很多的時間。但是如果將所有裝備都丟下，快速前往前線的話，日夜都不休息的加快速度，有可能會中了敵人的招而導致全軍覆沒。速度快的軍隊走在前面，會有一堆在後面趕不上的人。如果不了解實際的地形狀況，不能夠隨便輕舉妄動，其中可能有詐。作戰和人生都一樣，想要貪快或是走險招，可能都會不小心踩到陷阱。社會在走，相關的法律還有背後可能的風險都要顧及，不然最後只是徒勞。

2不要輕舉妄動，用「風林火山」作為判斷利益的標準

孫子認為不要輕舉妄動，不要貪快，帶兵打仗最重要的就是利益。我來說說利益好了，孫子認為帶兵打仗要靠計謀，行動的準則就是利益。然而，講求利益背後要有很多的真才實學，不是隨隨便便就可以上戰場，那頂多就當炮灰。如果有人說很輕易就能賺到大筆財富，那也多是詐騙集團。

怎麼做對我有利？對家庭有利？對企業有利？獲得利益的過程是很複雜的，孫子用「風、林、火、山」來說明這個過程，組織完整的部隊，進攻和撤退都像風一般迅速；排起軍陣來像樹林一般整齊；侵略的時候會像熊熊烈火燎原一般；但防守時卻不動如山。要獲利一定要有足夠的能力，該進的時候進、該守的時候守。

日本戰國時期的武將武田信玄十分認同孫子的看法，將「風林火山」繡在軍旗上，號稱「孫子旗」。「疾如風，徐如林，侵掠如火，不動如山」成為武田帶兵打仗的信仰。武田家的騎兵十分厲害，侵略有如火一般的燎原。而且不能只有在戰場上的進攻上厲害，還要有很好的通訊系統，讓軍隊的溝

通順暢。行軍或是布陣的時候，如果能像森林排列起來一樣整齊的話，一定是經過無數次的操演和嚴格的訓練，才能夠如此劃一。

武田家的領地在甲州，就是現在的山梨一帶，這也是富士山的所在地。由於武田所統領的地區都是山區，交通來往不易，訊息的溝通相當困難，這對於戰爭來說十分不利。武田先從基礎的建設開始，打造烽火台，讓軍事的消息傳遞有如風一般，能夠快速反應。除此之外，由於山區行軍不易，武田為了克服地形上的問題，建立筆直的「棒道」，九條武田棒道讓軍隊快速移動。

由於日本以往的戰爭較為缺乏兵法上的思考，武田信玄利用《孫子兵法》的策略，對於日本影響很大。《甲陽軍鑒》是武田信玄的軍師所發展出的兵法，日本的NHK在二〇〇七年開播《風林火山》，將武田信玄的故事搬上了螢光幕，創下了高收視率。日本從一般大眾到企業管理者，對於《孫子兵法》的概念都相當感興趣，豐田汽車的老闆豐田章男的偶像也是武田信玄。

3 懂得獎賞、了解下屬的心

前面講利益，但不能獨占。好的將領知道如何分享利益、分享戰勝的果實。好的老闆亦如是，知道如何將賺的錢分享給自己的員工，這樣人家才會繼續賣命。孫子說：「掠鄉分眾，廓地分利，懸權而動。先知迂直之計者勝，此軍爭之法也。」要兵分多路，搶奪敵方的資源，開疆拓土後，要懂得分享給有功的人，權衡利害得失，才能採取行動。

不僅是實際的軍旅打仗要用利益獎賞士兵，現在的企業和組織都採用不同的方法激勵員工，在管理學上的激勵制度，可以分為用金錢或是其他方式的報酬。但給予員工獎勵最重要的就是要增加績效，完成組織賦予的目標。

傳統上的薪資主要以底薪為基礎，一般公家單位是用年資來增加薪水，但這樣會讓員工覺得待越久薪水越多，而不是從能力和表現來看。大部分的私人企業都是以「激勵性薪資」的設計，看員工的工作績效來加以回饋。大部分的人通常會被金錢所打動，用金錢提高獎勵可以刺激績效的產出。

然而，人生的意義不只有金錢。如果我們工作純粹為了錢，會覺得人生將時間賣給了錢，金錢是一種價格，但我們人會追求價值，一種未來的期許，超越我們個人生命的意義，只有透過組織一起努力才能完成。戰爭要讓將士們出生入死，一定會有更高的使命，大家才會齊心協力。

如果在職場工作的人，有時考量的可能是薪水，但我們通常會想要進入一個有理想性的公司，一間會讓自己感到自豪的公司，然後一起往未來的目標努力。懂得獎賞的組織、將領或是領導，不僅給予實質的獎金，還會定義未來的願景，並且用具體的步驟一步一步加以執行，讓大家都能往同樣的目標走去。有同樣未來的目標，就不用擔心士氣渙散，或是員工會離職。

有了共同的目標，同時要搭配平日嚴格的訓練。在實際的戰場上，人數眾多，聲音嘈雜，完全聽不清楚別人講的話，所以要有旌旗和鼓聲作為統一士兵號令的工作。白天用旌旗，晚上透過鼓聲，戰場上行進和撤退都要一致，指揮系統要明確。

部隊的行動如果能夠劃一，勇敢的士兵不會冒進，膽小的人也不會獨自後退逃跑，這才是軍隊作戰的方式。對於敵人的軍隊，可以挫挫他們的銳氣，也可以動搖他們將軍的決心。軍隊的士氣，在一開始時銳不可擋，接著就會慢慢懈怠，如果是持久戰就會疲勞。

二、管理自己的優勢與情緒

善於用兵的人，會避開敵人的銳氣，等待敵人的士氣開始懈怠的時候才會進攻。掌握軍隊士氣才知道進攻的時機，我軍以嚴格的紀律面對敵人的散亂，用穩定鎮靜面對敵人的浮躁，這是理解軍心的方式。「故三軍可奪氣，將軍可奪心。」從這邊可以看到，打仗很重視敵我的心理狀態，知道敵人的狀態，才知道什麼時候能夠進攻。

孫子在此講的幾個方法可以歸納為「治氣、治心、治力、治變」。對方銳氣很盛，先避開，不要強攻，等到敵降我長，才可以進攻。治心則是要保持心理的平靜，透過穩定和鎮靜作出決策，但面對敵軍則可以擾亂對方的心理狀態。除此之外，我們再將孫子所提到的幾個懶人包整理出來，告訴大家管理自己的劣勢和情緒，並且要懂得變通。

4 排除不利的條件轉變成有利優勢

戰場要選在離我近的地方，才可以對付遠道而來的敵人；用從容的姿態對付疲累的敵人。我方的軍士們已經飽食，敵方的部隊卻缺乏糧食。以上是加強軍隊戰力的方法，不要去攻打紀律嚴密的軍隊，也不用進攻軍容壯盛的敵人，這是應付變化的方式。「治力」則是要養精蓄銳，不要疲於奔命，選擇在敵人疲累的時候予以痛擊。「治變」就是要了解局勢的變化，因應狀況，隨機應變，不要墨守成規。

用兵的方式，如果敵人在山丘上，不要仰攻；如果敵人假裝敗退，不要追擊，以免陷入埋伏；如果敵人的士氣旺盛，不要主動攻擊。敵人如果用小的部隊來探我虛實，不要被他騙了。包圍敵人的時候，要留下一個缺口。敵人如果無路可逃，屆時一定會從唯一的出口逃出，就可以輕易迎擊。但很重要的一點是「窮寇莫追」。如果敵人已經被逼到死角，不要命了，不可以強逼。一旦敵人不要命了，就會跟你拚了，不要命的人最難打。

孫子講了很多種狀況，提到了即使面對不利的狀況也有應變的方法。即使被逼到絕境也會想辦法衝出去，重點在於面對不利狀況的時候，我們要採取什麼方法轉變局勢。曾經我有一次和哈佛大學管理學院的黃樂仁教授一起用餐，她是哈佛商學院第一位台灣裔的女性教授，之前也任教於頂尖的賓州大學華頓商學院，主要的研究在於創業早期階段，尋找決策過程中隱性的原因，還有相關的人際關係。

除此之外，黃樂仁的研究中相當注意如何讓劣勢轉為優勢，以及翻轉刻板印象，將障礙化成助力。由於亞裔出生的背景，讓她了解刻板印象和美國社會中隱藏的種族偏見。她是從小在美國成長的台灣移民，她觀察到雙親在職業發展上有不少難以言說的隱藏性障礙，本來父親應該擔任某個職位，但卻由另外的白人同事晉升，父親跟黃樂仁說：「可能是不純正的口音擔任主管會造成溝通上的問題吧！」

我們都以為在職場上只要靠努力就可以了，但其實充滿很多說不出的刻板印象，源自於我們的性別、年齡、種族，或是口音，這些是現在很多大企業想要避免的狀況，因為如果發現，有可能引發爭議，種族或是性別歧視的帽子一扣上來，就會遭人指指點點，引發公關危機。

黃樂仁一改以前的想法，認為企業用組織改善這些問題，但正好將其中隱性的刻板印象顯性化。我們做為一個員工雖然沒有辦法改變偏見，但或許可以「由內而外」的方式來改變現況。黃樂仁將自己的見解寫成了一本書：

《隱性優勢》（EDGE: Turning Adversity Into Advantage），從職場性別、風險投資、創業等研究成果中，將不利的條件轉化為增加自己的助力。

具體來說要如何做呢？

第一步是提升價值，了解自己是誰，能做什麼，掌握能力圈和人脈。假設說華人在美國的職場中有隱性的偏見，但認清自己華人這個角色，不強求融入，做為一個中介者，在美國人與華人世界的中介角色取得利益。巴菲特曾經說過「能力圈」，我們無法上知天文、下知地理，無所不知，但是我們要知道自己最為熟悉的事情，從小到大學習的事物和認識的人都在我們能力圈的範圍，清楚的掌握在能力圈範圍中的資源，然後順著能力圈往外增加，擴大圓的範圍。

第二步是製造喜悅，不管是在學校、職場，或是身處各式各樣的團體中，永遠都不知道會遇到什麼樣的人，然後這個人會給你帶來什麼，所以要隨機應變。在溝通交往的時候要讓人覺得快樂，與你相處沒有心防，就會為你們創造機會。企管不是硬邦邦的學問，不只看獲利，相反的，工作是人與人的交流，所以永遠要懂得打開機會。

第三步是導引定見，我們經常說不要把人「貼標籤」，但其實我們看人或是別人看我們都充滿著標籤，只是他們不說。但在互動的過程中，我們要有效且主動的導引別人的看法，讓他們眼中的標籤脫落，換上不同的標籤，重新定位在他們眼中的地位。

第四步驟是有效努力，我們都知道要努力，但不要做無效的努力，那只是徒然。人生的時間有限，在對的事情上才要全力以赴，我們的價值才能彰顯。上面四點雖然是管理學教授所教授的訣竅，但同時和《孫子兵法》所說的不謀而合。在戰爭中我們都知道要努力、要做好準備，但敵人也會全力以赴，我們沒有一套劇本可以完全套用，在不利的情況下，不是唉聲嘆氣，而是了解自己能做什麼。在書中有句話是「自我的認知像是鑽石，由不同的角度看閃爍著不同光芒。」（Self-awareness is like a diamond sparking differently from every angle）

沒有不適當的工作，只會找到不適當的人；沒有打不贏的戰爭，只有打不贏的人。有時我們要知道如何說不，人生和戰場都相同，除了要隨機應變，也要知道如何說不。知道說不，不是一件容易的事情。「途有所不由」指的是有路也不走，雖然別人走得順遂，但不一定適合我們。如果還不知道自己要什麼，至少知道哪條路對自己一定不好，就不要往裡面鑽，然後再將不利的劣勢轉換為優勢。

5 情緒管理

實際作戰時的情緒管理相當重要，孫子也提到性格決定命運。如果讓敵方掌握了情緒上的弱點，就會遭人利用。領導者如果有五種性格上的缺陷就會讓組織陷入危險：只知道橫衝直撞，沒有用腦袋仔細思量，就會中敵人的計；如果貪生怕死的，就會被敵人俘虜；如果個性急躁易怒，就會被敵人用激將法侮辱；如果太過重視自己的清譽，就會被敵人羞辱；太愛子弟士兵的就會被敵人擾亂。

做好情緒管理，不只在戰場上，人生每一個場合都需要情緒管理。在職場上和人際關係中都需要管理自身的情緒。所謂的「情緒智商」（Emotional Quotient，EQ）是這幾年很流行的詞彙，在討論ＥＱ之前，我們先來看看什麼是「情緒」？情緒是我們本能的反應，以往我們說一個人「有情緒」通常在說負面的情緒，而且不希望表現出來。

「情緒管理」不是要大家壓抑自己負面的情緒，也不是要大家發洩情緒。如果我們知道情緒是本能的反應，有著自我保護的功用，而且情緒源於過去經驗的累積，我們在身心發展過程中，會根據周圍發生的事情來展現我們的情緒。情緒沒有對錯，但我們看到新聞中情侶分手的糾紛，或是人際關係不協調所產生的問題，都是因為無法做好「情緒管理」。

需要管理的事情要先能覺察，知道自己有情緒了，然後恰當的表達出來。我們的成長經驗不大鼓勵認知和表達自己的情緒，所以可能一開始就是用生氣的方式，或是破口大罵。觀察自己什麼時候會生氣、開心、羞辱……等情緒，記錄下來。有了覺察之後，觀察情緒，就會多加認識自己。

了解自己後我們可以開始想辦法抒解情緒，忽視、壓抑和逃避是無法消化這些能量。我們可以暫時離開會引發情緒的現場，或是知道做什麼事情會讓自己緩和。另外，還有很多人在作生理方面的調適，像是深呼吸、長跑、瑜伽、放鬆肌肉。

抒解情緒後，可以開始調整想法，想想這件事情是否還有其他的可能性，學習多樣化解決事情的方法，提升面對問題的能力。同時我們也可以建立自己的支援網絡，當有困難時可以找到誰幫忙。由於關係是互動的，當我們能夠覺察情緒，並且了解自己時，看到別人有情緒時，同時幫助別人。

孫子提醒我們情緒的弱點，有時候真的沒有辦法，陷於困境的時候，我們也不要放棄希望。人類的求生意志很強，而且有時靠著一股意志力，靜下心來思考，然後採取行動，天無絕人之路。面對未來社會的快速變化，我們不知道到二〇五〇年的時候，世界會有什麼變化，面對變化最好的準備就是從內心和情緒做起，有著平穩的情緒和強大的心理素質，才能面對變動的局勢。

6 懂得變通

變通是戰場上十分重要的素質，根據各種具體的情況，在不同的地形，採取靈活的策略和戰術。一般來說，將軍在接受命令之後，開始招兵買馬。出征的時候如果經過山林沼澤如此難以通行的地方，不可以駐紮。如果到了交通困難的地方，不可以停留。如果是在容易被包圍之處，要用奇謀巧計逃脫。至於我們常說的「置之死地而後生」的「死地」是什麼呢？就是退無可退的地方，如果被逼到這樣的境地，就要奮戰搏鬥。

行軍作戰有五利，要有所選擇，有些路不可以走、有些軍隊不能攻擊、有些城不需要攻占、有些地方不要爭奪。變通、變通、變通，很重要所以說三遍，即使有了地理上的優勢，但關鍵時刻不知道變通，也可能無法打贏勝仗。

孫子考慮在不同的地形要做不同的事情，如同我們要開一家店，選在交通要道上，在好的位置上，人流自然來。我們在生活和實際的工作場合中，好的人脈是促成一切事情的關鍵。「絕地無留」我們也可以思考成不要在交通不便或是產品供應不良的地方，如果一個地方的供應鏈不完全，上下游的產業不足，就不會是設廠的地方。

選擇工作的時候也是如此，如果一個職場的環境相當惡劣，薪水差、上司態度惡劣，而且還有無止盡的加班，但卻看不到未來的出路，或是有更上一層樓的可能，就要趕緊離開這樣的工作環境。

從二〇二一年到現在，世界變化得相當快，但有可能這只是預示一個新時代的開始。未來不會更穩定，相反的，會是更加不可預料，和有更多的變數。小至個人的人生規劃和職涯選擇，大至國家、社會與國際局勢的變動，都不是我們能掌握的。

由於疫情的關係，過去我們所熟悉的商業模式開始大規模的變動，因應時代需求的數位轉型。整體地球因為人類對於環境的破壞而產生的生態與人口的改變，現在也考驗著人類。未來會改變，但我們要在改變來之前較為平緩的時刻先做一些準備。

不管你現在是在求學或已經有工作了，如果還在相對穩定的狀態，就是可以做準備的時間。未來學家建議我們要進行「變化查核」，在我們的人生、團隊、公司、產業和相關的組織中，思考變化會造成哪個部分的衝擊最大？尤其是公司和組織，遇到問題的時候，我們經常會歸類到某個部門去處理，忽略了問題本身的全面性，可能牽涉到很多層面和部門。

現代的教育強調「跨域」的原因在於很多問題已經不是以往的學問所能處理，要不同學科的專業一起討論和合作才能解決。接下來我們要搞清楚改變會造成的挑戰性有多大，平常我們要改變髮型可能很容易，但如果要做離婚、換工作的選擇較難，其實組織和公司也是如此，改變一定會有挑戰性，但要明確知道挑戰是什麼？

知名的趨勢專家哈拉瑞提醒大家一點，面對變動的時代，我們該教什麼呢？他指出了4C：批判性思考（critical thinking）、溝通（communication）、合作（collaboration）、創意（creativity）。這四項有兩項都跟人際關係有關，就是團隊合作，成員要彼此信任，另外就是對既有存在的價值進行重整。以往不適合的觀念、習慣和文化要進行批判，然後用創意生產出新的辦法以因應變動的時代。

有時候我們被困住的時候，要想辦法突圍，但突圍不能用蠻力，要用智取，才能出其不意。我們現在很多事情都講究創意，在市場已經飽和的狀態下，要突圍就要靠創意。

孫子在這一章說了很多戰爭時，因應地形的不同要作的隨機應變，領導者必須加以變通才能應對，但戰況和世界局勢都一樣，沒有一個領導人或是團隊可以完全掌握變局。面對變動是管理學，也是心理學，更重要的是心態。如果將變動視為理所當然，把握每次變動的機會，讓自己一直在變動中學。我們有這樣的心態，而且能讓心態落實在實際的策略規劃和工作執行上，用愛普羅．芮尼（April Rinne）所說的「流動心態」就能對於改變不再恐懼，而是用務實的態度加以處理。

實際作戰的將領在面對局勢的時候，應該了解其中的優劣因素，做好準備，「無恃其不來、無恃其不攻」。不要想敵人可能不會來，隨時做好面臨變動的準備，才能有備無患。

原文

軍爭

孫子曰：凡用兵之法，將受命於君，合軍聚衆，交和而舍，莫難於軍爭。軍爭之難者，以迂為直，以患為利。故迂其途，而誘之以利，後人發，先人至，此知迂直之計者也。

故軍爭為利，軍爭為危。舉軍而爭利，則不及；委軍而爭利，則輜重捐。是故卷甲而趨，日夜不處，倍道兼行，百里而爭利，則擒三軍將，勁者先，疲者後，其法十一而至；五十里而爭利，則蹶上軍將，其法半至；三十里而爭利，則三分之二至。是故軍無輜重則亡，無糧食則亡，無委積則亡。故不知諸侯之謀者，不能豫交；不知山林、險阻、沮澤之形者，不能行軍；不用鄉導者，不能得地利。

故兵以詐立，以利動，以分合為變者也。故其疾如風，其徐如林，侵掠如火，不動如山，難知如陰，動如雷震。掠鄉分眾，廓地分利，懸權而動。先知迂直之計者勝，此軍爭之法也。

《軍政》曰：「言不相聞，故為金鼓；視不相見，故為旌旗。」夫金鼓旌旗者，所以一人之耳目也。人既專一，則勇者不得獨進，怯者不得獨退，此用眾之法也。故夜戰多金鼓，晝戰多旌旗，所以變人之耳目也。

故三軍可奪氣，將軍可奪心。是故朝氣銳，晝氣惰，暮氣歸。故善用兵者，避其銳氣，擊其惰歸，此治氣者也；以治待亂，以靜待嘩，此治心者也；以近待遠，以佚待勞，以飽待饑，此治力者也；無邀正正之旗，無擊堂堂之陣，此治變者也。

故用兵之法，高陵勿向，背丘勿逆，佯北勿從，銳卒勿攻，餌兵勿食，歸師勿遏，圍師必闕，窮寇勿迫，此用兵之法也。

九變

孫子曰：凡用兵之法，將受命於君，合軍聚合。泛地無舍，衢地合交，絕地無留，圍地則謀，死地則戰，途有所不由，軍有所不擊，城有所不攻，地有所不爭，君命有所不受。

故將通於九變之利者，知用兵矣；將不通九變之利，雖知地形，不能得地之利矣；治兵不知九變之術，雖知五利，不能得人之用矣。

是故智者之慮，必雜於利害，雜於利而務可信也，雜於害而患可解也。是故屈諸侯者以害，役諸侯者以業，趨諸侯者以利。故用兵之法，無恃其不來，恃吾有以待之；無恃其不攻，恃吾有所不可攻也。

故將有五危，必死可殺，必生可虜，忿速可侮，廉潔可辱，愛民可煩。凡此五者，將之過也，用兵之災也。覆軍殺將，必以五危，不可不察也。

第八章
判斷力與素養的重要性

一、判斷能力的重要性

《孫子兵法》講完實際作戰所需要關注的細節，接下來十分注重判斷的能力。為什麼判斷能力如此重要呢？在戰爭中，實際了解局勢的人，將客觀的現實具體分析，就能夠避免走冤枉路。我們人生經常因為無法正確判斷狀況，所以會走錯路。一旦走錯路，花的成本很高，在實際戰爭中，是會喪失寶貴的生命和資源，正確判斷局勢，比起冒進要來得更加重要。

〈行軍〉篇、〈地形〉篇和〈九地〉篇這三篇傳統上將之視為一個系列，都在討論地理形勢，其次則講述帶兵方法。但我將〈行軍〉篇和〈地形〉篇一起講，都在說明判斷力的重要。孫子談行軍時面對不同地形時要採取不同的方法，另外則是要判斷敵情才能夠決定要採取的方式。判斷的方式之外，孫子則回到素養，即使有了好的判斷能力，但最重要的還是素養。

我們這章先講判斷能力的重要性，然後回來討論核心的本質問題：素養。

如果仔細看〈行軍〉篇的內容，提出了面對四種作戰地形該採取的方式，還有六種應該避免的危險地形。除此之外，附加了三十二種判斷敵情的方法。方法很多，但真正戰爭的時候要用哪一條，則要看實際狀況靈活變通。

我們先看一開始孫子說什麼，如果要在不同地形部署軍隊，觀察敵方情事時，要根據一些準則。如果要通過山區的時候，要沿著低下的谷地前進，才不容易遭受攻擊。如果要休息紮營的時候，選擇比較高的地方。當敵人居高臨下的時候，不適合用仰攻的方式，會造成很多的死傷。如果要跨越河川的話，要盡速通過，不然很容易成為敵人的標靶。如果敵人渡河迎戰，不要一開始就對他們攻擊，要他們已經渡河到一半的時候再行攻擊，這樣最有利。如果經過危險地帶的時候，不能停留，此處容易有伏兵。

如果要停下來駐軍的話，選擇高地，避開低窪之地，在向陽處，避開陰濕之地。選擇能夠讓軍隊休養生息、糧食充足的地方，如此軍人才能不生病。軍人是軍隊的本，如果遇到傳染病就很容易喪失戰力。

由此來看，孫子十分重視判斷地形，而且選擇地形一定要有高度。有了高度就容易獲勝，我們來思考一下人生的高度，或是企業的高度。為什麼我們敬佩一些行善的人？他們照顧弱勢，在第一線陪伴病人的醫護，因為展現了一種人生高度。利他的服務行為是人類和其他動物不同之處，只有人類才能展示助人和奉獻的高度。

我們人生在選擇工作的時候，要思考高度的問題。二〇〇六年諾貝爾和平獎頒給尤努斯，他是第一個獲得和平獎的經濟學家，成就在於消除貧窮。出生於吉大港的尤努斯，小時候孟加拉還在巴基斯坦的統治下，後來在獨立戰爭中獲得獨立。

尤努斯小時候出生在珠寶商的家庭中，生活不虞匱乏。然而，從小在孟加拉的街頭上看到的都是窮人，貧無立錐之地，販賣兒女做為童工。尤努斯長大以後到美國讀書，獲得經濟學的博士學位，而且在美國的大學擔任教授，娶妻生女。

尤努斯無法放下對家鄉的感情，決定返回孟加拉任教。尤努斯回到家鄉後，發現有超過七成的人都是窮人，窮到什麼程度呢？有一次他到村落裡的時候，發現有個婦人的手工藝很好，本來她可以開店賣她的手工藝，但因為之前欠了二十七美元無法償還，就開始借高利貸，陷入無法償還的窘境。

尤努斯想到要借這些窮人錢，讓他們有錢可以自己開店做生意，脫離貧窮。但是，一般銀行如果要借錢的話，需要會識字，有可以擔保的財產，穩定的工作。銀行要確定有還款的能力才會借款，但這些東西窮人都沒有。

尤努斯從來沒有進過銀行業工作，但憑藉著一股熱情，創立格萊珉銀行，開辦「微型貸款」，開始借錢給窮人。為了要確保窮人可以還款，尤努斯想了很多創意的辦法，像是五個人一組相互擔保。另外，如果要用房子擔保的話，所有權必須要是女性。由於在貧窮的家庭中，女性通常為扛起家庭財務負擔最大的人，她們無法像男性一走了之，所以還款率也比較高。

借錢給窮人不單單只是借錢而已，給他們魚吃，不如教他們釣魚。尤努斯想要窮人可以用少量的資金創業，藉以脫貧，改善生活。貧窮會引起很多的社會問題，嚴重的話甚至會引起戰爭。尤努斯成功地在孟加拉八萬個村子當中建立了一萬四千個借貸中心，借錢給八百萬個人，其中大多數人都成功的脫貧。

社會企業的理念就是以企業的組織方式，改善社會問題。尤努斯的銀行投入很多社會企業的發展，投資太陽能的設施，為了解決農村健康的問題，販賣便宜且好吃的優格，或是跟 UNIQLO 合作，讓窮人也可以買到品質好的衣服。

以往我們不知道銀行也可以改變社會的貧窮，窮人很難從銀行借到錢。但尤努斯用他的高度幫助窮人脫貧，銀行也獲利，利他的服務精神可以說是占據了道德高地。

要占據高地，靠的是判斷能力。如果要避開險惡，同樣也要靠判斷能力。孫子提到判斷地形險惡的地方，要盡速離開。如果對於行軍不利的地形，要迅速避開。在原文中，孫子列舉了好多地形，舉例來說，我們在成語中有所謂的「天羅地網」，「天羅」究竟是什麼樣的地形呢？

草木茂密而難以看到前方的就是「天羅」，部隊行軍由於人數眾多，最怕因為敵人埋伏在草叢當中看不到敵人。現在世界國勢最盛的美國，美軍在全球戰場大多數打勝仗，但在上個世紀的五〇年代，發動了將近二十年的越南戰爭。從武器設備和國力來說，越南都不可能勝利，但美國最後卻是戰敗的一方。

越南軍隊靠的就是地形，美軍無法精準的判斷越南的地形成為失敗的主因。越南地形上最大的特色就是「天羅」，就是叢林。美軍從來沒有在濃密的叢林當中作戰，越南軍隊了解叢林地形，而且打不過美軍的時候就逃，用游擊的方式。前面幾章孫子也提到，如果軍隊的人數少於敵軍的話，就要學會逃跑，越南軍隊十分會躲避。

越南軍隊透過叢林的地形，訓練大量的人員從事游擊戰，專門攻擊美國重要的軍事設施。這批從事游擊戰的特殊軍隊編制相當靈活，效率超高，三到五個人一個組織，帶著衝鋒槍、手榴彈和匕首在叢林中執行任務，一發現美軍群起圍攻，然後再躲避到叢林中。他們習慣在叢林中生活，靠著野果、野菜，或是捕捉叢林中蚯蚓和蛇就可以維生，讓美軍無法在越南戰場上取勝。

判斷地形是作戰當中很重要的工作，不然即使有大量的軍隊與資源也無法贏過敵軍。孫子提到很多種地形，我們在此不一一說明。因為各行各業有

第八章

判斷力與素養的重要性

不同的判斷方式，重點在於知道危險，迅速避開，不能拿生命開玩笑。

除了不能拿生命開玩笑，我們也不能賭上自己的未來。什麼是未來？信用、聲譽，或是刑事紀錄。如果在缺乏判斷力的狀況下，我們有時會短視近利，而忽略了長期的危險。由於台灣股市這一兩年股價屢創新高，很多人以為股票市場很容易賺錢，沒有做功課的情況下就盲目投入。

很多年輕人，甚至是大學也出現不少的「投資研究社」，希望能日進斗金。我不反對投資，但希望是做了功課，了解投資標的的投資。沒有做功課就能夠賺錢的事情不存在。如果從去年違約交割的人數來看，將近百分之四十的人是四十歲以下的年輕人，絕大多數都是二十多歲的朋友，有些人甚至連三千五百元的違約金額都繳不出來。

想要獲得財富不是錯，但想要不勞而獲就是沒有判斷能力。年輕人會違約交割的原因就是因為沒有準備任何的資產就進入股票市場。我們可以先說一下股票交割，簡單的說就是你在銀行有足夠的錢就可以買市值相當的股票。但最近流行的用語叫做「無本當沖」，簡單地說就是當天買進當天賣掉，如果當天買進比較低價的股票，然後股票上漲了就賣出，獲取差價，自然可以不用本錢就獲利。

但當天買進，一定會漲嗎？

是聽信了別人給你的建議，或是自己判斷的呢？如果有個人跟你說：「我之前就是這樣做的，賺了不少錢。」但你有用做功課了解這件事嗎？或是人云亦云，覺得有錢賺就做了呢？

當不做功課的時候，今天買了，股價卻下跌，來不及當天賣掉，賠不起股票的錢，就產生了違約交割。很多經營數十年的股票投資專家都不建議無本當沖，因為是高風險的交易。每天股票開盤的時間就是四個半小時，要在這段期間之內判斷趨勢、計算盈虧、完成買賣，對於股票高手來說都不容易了，何況是完全沒有經驗的新手呢？

所有賺錢的門道沒有捷徑，就像贏得勝利的方法沒有巧門。

孫子一直給我們的建議就是要懂得判斷，苦口婆心，除了地形以外，還要認識敵情。兩軍對峙的時候，如何判斷對方處在什麼樣的情況，才能決定我們要做什麼？孫子說假如敵軍離我們很近的時候卻刻意保持安靜，一定是因為他們占據有利的環境，希望我們進攻，然後一舉殲滅。但如果敵軍在很遠的地方，卻一直頻頻挑釁，一定是因為占據有利的地方，想要我們進攻，然後將我們擊垮。

判斷、判斷，看到變化的局勢作出選擇是很重要的決策行為。孫子指出了在戰場上的不同的狀況，如果看到塵土飛揚，根據不同的狀況可以判斷敵人的狀況，如果飛塵低平而廣闊，表示敵人出動步兵；如果是高揚而起呈現尖狀，則是敵人的戰車前來。

從派來的使者也可以看到敵軍的狀況，如果使者講話十分謙卑，但同時又感覺到軍隊加強戰備的話，可以知道使者的目的只是要拖延時間，讓他們有更充足的時間可以準備。但如果是相反的情況，使者的態度強硬，行動上不增加戰備，而是假裝軍隊要攻打的樣子，表示敵人只是虛張聲勢，沒有真正的實力。

如果敵人沒有陷入困境就來求和，其中必有詐。如果看起來要進不進，要退不退，是為了要引誘我們掉入圈套。孫子說的不只是兩軍交戰，也是在談判過程中很重要的心理戰術，想想看在兩方談判中，對方一直答應我們的要求，或許不是真心同意。在還沒有簽約之前，一直答應要求，可能是為了套取商業資訊。

有時候做買賣也是如此，看房子的時候，喜歡一間房子，想要趕快買下來。但房子這麼貴的東西，想說如果跟原屋主挑些小毛病，或許可以降價。在細節上找麻煩，表示在乎，反而代表對方想買這樣東西，只是想要確認細節而已。

有一本研究《孫子兵法》很重要的書稱作《社長的孫子兵法》，作者田口佳史熟讀中國思想，對於《孫子兵法》的研究，還有應用在商戰中都很有一套。田口佳史指出談判過程中並不是漫無目的的討論，最為關鍵的就是了解對方的意圖，這就是我們說「判斷」能力的重要性。不管是在戰爭的場合、商業談判的應用中，還是感情、婚姻的關係，判斷自己與對方所處的位置都相當重要。

孫子從軍隊的隊形和敵情的表徵，同樣的道理可以應用在實務中。刻意採取低姿態，目的是要讓對方消除防備心，談判的雙方往往勢均力敵，但對方刻意放低姿態，往往想要讓談判的對手放下防備。同理，「辭強而進驅者，退也。」談判過程中爭取時間很重要，所以拖延對手的時間往往是手段。

「輕車先出，居其側者，陳也。」敵人展現出戰車的數量，讓對手一看到無法打贏，展現出實力。從商業談判的過程中，我們可以知道相似的狀況。敵人先派出輕裝戰車，並部署在軍隊兩側，這是在布列陣勢。在古代，戰車數量是決定勝負的關鍵。所以當戰車出場時，就代表要一決死戰。現代的戰車，則是具體的數值計算。當對方開始認真討論數字時，才代表認真想要討論合作事宜。所以在數字部分尚未出現之前，談判都只是在消磨時間。

從軍隊看實際的商務，還有人生，都可以獲得一些啟示。孫子繼續說，不只從使者的表現來看，還可以從對方軍隊的士氣，如果士兵靠著兵器站立，代表站不穩了，缺乏糧食才會靠著，這是餓肚子的表現。如果看到敵軍搶著喝水，是因為沒有水。由此如果看到敵軍有利可圖，卻端坐不動，一定是因為已經累了。

看到一群鳥聚集在敵軍的上方，表示裡面已經沒有人了。夜晚紮營的時候，如果聽得到對方兵士們恐懼的叫聲，代表他們無法好好睡，內心十分驚恐。看到對方的旗幟晃動而且沒有秩序，表示因為糧食的關係，已經使他們軍形大亂。聽到對方的軍官大發脾氣，沒有耐心，表示他們已經亂了陣腳，只好發脾氣。或是本來高高在上的將領，開始和兵士用低聲下氣的口氣講話，代表已經不得人心。一直沒有章法的犒賞兵士，不是因為他們獲得戰功，是因為他們喪失了領導統御的能力。

孫子說：

數賞者，窘也；

數罰者，困也。

我們不僅可以用在軍事管理上，有時也可以思考親密關係，或是親子關係。如果孩子做錯事就用肉體的懲罰，考試考不好就罵，只會讓他們一再遭受挫折。用打用罵代表家長已經沒有招可以用了，只能採取極端的方式，孩子也只能得到痛苦。

賞罰是領導的方式，是最後不得已的手段。如果沒有獎賞或是懲罰，我們還會做的事情才是我們想做的事情。從阿德勒心理學的角度來看，獎賞和懲罰都是上對下的教導，沒有讓孩子覺得「我有能力做得到」的感覺。

如果孩子顧著玩，不想寫作業，或是說考試沒有拿到滿分就沒有禮物；相反的，如果孩子考滿分就可以得到玩具，而且可以得到讚美，孩子會想到什麼呢？獎賞或是懲罰都是短暫的，讓家長可以減少負擔，孩子可以快速地獲得滿足，這是訓練動物的方式，而不是讓孩子可以得到能力。

賞罰無法讓我們正確判斷對方的心理，只能從實際的狀況才能了解要採取什麼步驟。但敵人如果以排山倒海的陣仗而來，卻又不打，應該沉著了解狀況再採取行動。由於實際的戰爭中，兩方或是多方總是在互動中，我們要靈機應變。有時候不是兵力多就好，兵多要接受好的訓練，而且整齊劃一。

如果對方人多勢眾，我方不要先害怕。台灣與中國之間分離七十多年，台灣的兵力相較於中國來說只是滄海一粟，但兩岸之間的戰爭，台灣靠的是集中兵力，不冒進，才能持續保有我們的生活。

判斷局勢很重要，判斷人也很重要。人與人之間靠的是關係，有時候同一句話對不同人講會有天差地別的結果，熟人之間彼此開玩笑沒什麼關係，但是關係不到就不能亂說。帶兵或是領導統御也是如此，如果兵士還沒有完全熟悉之前，貿然的懲罰或獎賞，一定會造成領導的問題，會讓他們不服，無法為將領所用。

二、什麼是素養？

孫子跟我們說了很多判斷的方法，但他認為講得再多，大家無法吸收，我們還是要有最根本的方法，那就是「素養」。我們平常如果認真教育士兵，徹底執行軍令，兵士們就會服從，但平常就隨便，戰爭的時候自然無法發揮戰力。

由此我用素養來思考「領導」這件事。

如果從定義來說的話，團體裡面的某個人或是核心團體，可以影響其他人達成組織的目標的過程就是領導。簡單說來，影響或是改變其他人的過程就是領導。在一個組織中，不管是公司、學校或是任何團體，領導者是要為整個組織建立使命的人，而且制定達成使命的方法和策略。擬定策略之後，經理則是策略的執行者，必須應付實際瑣碎的事情。

研究領導的學問可以分為「特質」和「行為」，前者我們可以說是人格特質，在生活中、談判的過程裡，還有待人處事的態度中都可以觀察到。「行為」則是表現在外，可以觀察到的活動，但表現在外的「行為」不代表其內心的想法。

「特質論」的學者從過去很多的領導者們分析、抽取所謂的「領袖特質」，認為具有這些特質是天生的，或是可以早期培養的。以往的皇帝為了培養接班，很早就開始學習帝王學，讓他們了解做為「一國之君」該做的事情。現在的大企業，為了讓下一代繼續他們的事業版圖，盡早地讓他們接受教育，以符合特質，但後來很多研究者發現無法找到一個清單符合領袖的特質，每一個準則似乎都可以找到例外。

後來學者開始思考所謂的「行為論」，本來以為有一個「領導特質」（What leaders are）是找得到的，但後來發現「做了什麼」（What leaders do）比較重要。俄亥俄大學為了研究「行為論」，分成了兩個面向來討論：一個是「體制」，一個是「體恤」。簡單說來，前者是客觀的制度，領導者會設定目標，分派工作，並且劃分清楚職權與職務。後者則是感覺的層面，包含是否關心員工的權益，能夠聽取員工的心聲這些較為軟性的層面。

從領導者的行為來思考，我們可以知道所謂的「素養」不是「素質」，「素養」是在每天行為中實踐，在每次的會議討論中表現出領導的氣質，在每個困難中帶領員工用具體的方式跨越難題。「行為」是外在可以觀察得到，由此來判斷具體的情況，然後找到解決問題的方法，並且執行，這就是「素養」。

由此我們來看《孫子兵法》，在原文第九篇和第十篇中有很大一部分都在分析地形，然後看狀況在行事。具有「素養」的將領一定會先判斷，然後再行事。在第十篇講地形的時候，一口氣講了六種地形，像是：「通形、掛形、支形、隘形、險形、遠形」，我們讀這本書不是要大家通透古文，而是要讓讀者了解《孫子兵法》不是紙上談兵，他分析各種地形，是在實戰的基礎上向當時的讀者說明各種地形應該具備的素養。

地形是客觀的條件，將《孫子兵法》的各種地形都背熟，但在實戰的時候無法了解現場的狀況，無法即時應變，這就不具備素養。具體的地理狀況擺在那，但當場負責判斷戰情的是將領，要靈活運用則看每個人的能力。

《孫子兵法》全面的考慮各種狀況，雖然判斷要靠素養，但他已經思考了最壞的狀況。我們做一件事，能夠打勝仗固然好，但最壞的局勢也要放在自己的藍圖中，才能有所警惕。孫子認為軍隊打敗仗的情況有六種，分別是：「走、弛、陷、崩、亂、北。」

上述六種狀況不能怪天怪地，不是天然環境造成的，而是將領的過錯。什麼是「走」？明明雙方勢均力敵，但是卻讓對方軍隊輕易逃走；什麼叫「弛」？士兵們很強悍，但將領卻很懦弱，代表將領們不知領導統御；什麼叫「陷」？將領們都很強悍，但下面的兵卻懦弱，代表將領們不會帶兵。

什麼是「崩」？下屬們每個都心懷怨恨，不服從將領的指揮，遇到敵軍的時候憑著自己的意思出征。主將又不能約制，導致整個部隊的潰散；什麼叫做「亂」？將領們完全沒有章法的訓練軍隊，沒有紀律、威嚴和教育，導致上下之間的主從關係混亂，排兵列陣出現失序的狀態。什麼是「北」？將帥不能正確判斷敵情，用少數的部隊去攻擊多數的敵軍，沒有挑選精英部隊去打前鋒，導致潰敗。

上面六種狀況，怪不得誰，都是本身的錯，都是缺乏核心素養的問題。我們舉一例子來跟大家分享《孫子兵法》與當下管理學互通之處。「吏強欲進，卒弱輒陷，敗也。」將領的能力很強，但是屬下卻缺乏訓練和能力，就會讓將領陷入麻煩。但我們來思考一下，將領的能力如果很強，為什麼無法好好訓練士兵呢？

很多人心高氣傲，覺得自己是不世出的英才，一定要獲人重用。如果只是一般工作還看不上，不小心升到主管之後，覺得自己了不起，工作無法推行都是下屬的問題。但，這是誰的問題呢？

管理學上有所謂的「彼得原則」，成為管理者的人往往不知道有一個重要的工作就是和下屬溝通，知道每個人的能力，將他們放在適當的位置上。如果做為領導還一個人單打獨鬥，所有工作都一個人來，就是不知道管理者的工作是什麼。失敗的管理者就是不知道如何找到適當的人來做事，或是不知道要如何訓練下屬符合工作的要求，就會產生上下溝通的問題。

美國知名的管理學家勞倫斯．彼得，專長組織的管理。在一九六〇年的時候，有一次他在美國聯邦政府的演講中，跟剛升上教育研究計畫的主管分享他的想法，結果遭受大家的質疑與嘲笑，說他根本就不懂管理。他在一九六五年完成了書稿，想要寄給出版社，希望能出書，結果有十六家出版社退稿。

但他還是不死心，開始在報紙上發表他的想法，卻獲得讀者們熱烈的迴響。「彼得原理」簡單地說，每一個有階層的組織，不管是公司、軍隊、組織和任何的政府單位，每一個人都會升到他無法勝任的職位，每一個職位都會被無法勝任的人占領。

從勞倫斯・彼得所舉的例子當中，他說有一個固定收入的人，像是公務員或是上班族，如果有一天他中樂透或是繼承了一大筆財富之後，原本的理財能力就會無法勝任。我們看看新聞上說中了幾十億的大樂透獲獎者，在幾年之後就花完自己的財富，符合「彼得原則」所說的。因為以中獎者原來的財務觀念來說，他根本不知道如何管理如此龐大的金錢。

同理我們也可以思考一個大學的教授被任命為校長的時候，會變成一個不適任的管理者。本來大學教授負責的是教學和研究的工作，對於管理沒有任何的專長，但等到他要面對幾百個大學教授的時候，還有學校的行政人員，他不知道如何領導上千人的機構。

我們有句話說：「換了位置就換了腦袋。」本來是在批評有些人晉升成高層之後就放棄原來的想法。但從《孫子兵法》和管理的角度來說，換了位置就要換腦袋，才能知道新的工作所需要的想法、能力和要求，用新的態度面對新的挑戰。

孫子講了很多地形上的條件，都是用來輔助用兵的需求、判斷敵情的虛實，都只是輔助的條件。戰場上道路的遠近，然後看看如何獲勝，這是高明的將領所具備的素養，知道這些道理的人必然獲得勝利，相反則會失敗。根據自己的判斷能力還有素養，即使國君希望將領往前衝，但將領認為應該要休兵，也不會聽國君的指令。將領按照自己的判斷，知道在戰場上一定會敗，但國君指示要出征，他也會堅持不戰，這就是素養，也是專業的核心所在。

由於現在的教育現場經常提到「素養」，跟我們以前的教育學習方式不同。現在的世界快速變遷，而且不知道未來世界的方向會是什麼，以往我們可能大學或研究所學習的知識就夠我們在職場上運用。我們現在很多資訊性的東西都可以在網路上搜尋得到，但那無法變成我們的能力。

所謂的「素養」就是結合知識、能力與態度，遇到問題的時候，用知識和能力加以解決，但一旦發現原有的知識和能力不夠時，就要有好學的態度繼續精進，將問題解決。解決問題的能力不只是知識與技能的學習，還包含

第八章

判斷力與素養的重要性

要與人合作，共同完成一項計畫需要的是善於溝通的能力。

孫子講了這麼多地形，還有實際作戰的方法，但每個人按照自己所處的情況加以判斷，這就是以個別的學習者為中心。每個人都是學習的主體，要按照自己的能力加以判斷，「素養」的學習強調個別化的差異也是如此，根據每個人的不同需求，學習不同的素材，然後選擇適當的資源，以達成學習的目標。

人生不只在學校需要學習，如果養成了學習的態度，並且追求自己的興趣，困難並不成問題。以往要求學生背誦，自然會抹煞了學習的興趣和熱忱。學習最重要的是要尋找自己的興趣，那是一股能量的來源，能夠尋求到內在核心的人，自然有力量去學習知識。

如同在戰場上，出兵的將領不是貪圖戰勝這些外在的名聲，退兵的時候不會怕有人歸咎於你，或是罵你是膽小鬼，真正的將領只在意戰場上的實際狀況，能夠保全士卒和國民是最重要的事情。素養的學習從來不是為了名次，而是為了解決實際的問題。

將軍知道自己的士卒是否有能力出擊，知道實力在哪裡，不會冒進。孫子認為知道自己的軍隊有能力出擊，但是不知道敵人的情況，可能只有一半的機率會獲勝。知道敵人很弱可以攻擊，也知道我們的士氣高昂可以出擊，但如果處於客觀不利的局面，像是處於氣候或是地形的劣勢，勝利的機率可能只有一半。

《孫子兵法》本身就是面對變動戰況的學問，就像我們學習的路上，永遠學不完，有了實力之後，因地制宜，而且要「知己知彼，百戰不殆」，同時懂得天時和地利，就能夠獲得完全的勝利。

原文

行軍

孫子曰：凡處軍相敵，絕山依谷，視生處高，戰隆無登，此處山之軍也。絕水必遠水，客絕水而來，勿迎之于水內，令半濟而擊之，利；欲戰者，無附于水而迎客，視生處高，無迎水流，此處水上之軍也。絕斥澤，惟亟去無留，若交軍於斥澤之中，必依水草，而背衆樹，此處斥澤之軍也。平陸處易，而右背高，前死後生，此處平陸之軍也。凡此四軍之利，黃帝之所以勝四帝也。

凡軍好高而惡下，貴陽而賤陰，養生而處實，軍無百疾，是謂必勝。丘陵堤防，必處其陽，而右背之，此兵之利，地之助也。上雨，水沫至，欲涉者，待其定也。

凡地有絕澗、天井、天牢、天羅、天陷、天隙，必亟去之，勿近也。吾遠之，敵近之；吾迎之，敵背之。軍旁有險阻、潢井、葭葦、林木、蘙薈者，必謹覆索之，此伏奸之所處也。

敵近而靜者，恃其險也；遠而挑戰者，欲人之進也；其所居易者，利也；衆樹動者，來也；衆草多障者，疑也；鳥起者，伏也；獸駭者，覆也；塵高而銳者，車來也；卑而廣者，徒來也；散而條達者，樵采也；少而往來者，營軍也；辭卑而益備者，進也；辭強而進驅者，退也；輕車先出，居其側者，陣也；無約而請和者，謀也；奔走而陳兵者，期也；半進半退者，誘也；杖而立者，饑也；汲而先飲者，渴也；見利而不進者，勞也；鳥集者，虛也；夜呼者，恐也；軍擾者，將不重也；旌旗動者，亂也；吏怒者，倦也；粟馬肉食，軍無懸瓶，而不返其舍者，窮寇也；諄諄翕翕，徐與人言者，失衆也；數賞者，窘也；數罰者，困也；先暴而後畏其衆者，不精之至也；來委謝者，欲休息也。兵怒而相迎，久而不合，又不相去，必謹察之。

故兵非貴益多也，惟無武進，足以併力、料敵、取人而已。夫惟無慮而易敵者，必擒於人。

卒未親附而罰之，則不服，不服則難用也。卒已親附而罰不行，則不可用也。故令之以文，齊之以武，是謂必取。令素行以教其民，則民服；令素不行以教其民，則民不服。令素行者，與衆相得也。

地形

孫子曰：地形有通者，有掛者，有支者，有隘者，有險者，有遠者。我可以往，彼可以來，曰通；通形者，先居高陽，利糧道，以戰則利。可以往，難以返，曰掛；掛形者，敵無備，出而勝之；敵若有備，出而不勝，難以返，不利。我出而不利，彼出而不利，曰支；支形者，敵雖利我，我無出也；引而去之，令敵半出而擊之，利。隘形者，我先居之，必盈之以待敵；若敵先居之，盈而勿從，不盈而從之。險形者，我先居之，必居高陽以待敵；若敵先居之，引而去之，勿從也。遠形者，勢均，難以挑戰，戰而不利。凡此六者，地之道也；將之至任，不可不察也。

故兵有走者，有弛者，有陷者，有崩者，有亂者，有北者。凡此六者，非天之災，將之過也。夫勢均，以一擊十，曰走；卒強吏弱，曰弛，吏強卒弱，曰陷；大吏怒而不服，遇敵懟而自戰，將不知其能，曰崩；將弱不嚴，教道不明，吏卒無常，陳兵縱橫，曰亂；將不能料敵，以少合衆，以弱擊強，兵無選鋒，曰北。凡此六者，敗之道也；將之至任，不可不察也。

夫地形者，兵之助也。料敵制勝，計險厄遠近，上將之道也。知此而用戰者必勝，不知此而用戰者必敗。

故戰道必勝，主曰無戰，必戰可也；戰道不勝，主曰必戰，無戰可也。故進不求名，退不避罪，唯人是保，而利合於主，國之寶也。

視卒如嬰兒，故可與之赴深溪；視卒如愛子，故可與之俱死。厚而不能使，愛而不能令，亂而不能治，譬若驕子，不可用也。

知吾卒之可以擊，而不知敵之不可擊，勝之半也；知敵之可擊，而不知吾卒之不可以擊，勝之半也；知敵之可擊，知吾卒之可以擊，而不知地形之不可以戰，勝之半也。故知兵者，動而不迷，舉而不窮。故曰：知彼知己，勝乃不殆；知天知地，勝乃不窮。

第九章

贏得勝利的素質

一、勝者的心理素質

兵法不容易讀，因為那是在千百次戰爭中淬煉出來的經驗。但熟讀兵法可以讓你百戰百勝嗎？如果只讀字義，而沒有了解其內容，或是不照做，當然就無法取勝。除了要因地制宜、隨機應變以外，最為困難執行的就是心理素質。

戰爭動刀動槍，不是你死就是我活，本來在紙上談兵的時候都頭頭是道，但真的到了戰場就發現兵敗如山倒。有時候我們面對考試或是人生重要關卡的時候也是如此，明明就已經排練了不知道多少次，事前也覺得絕對沒問題，但臨場的時候就是無法發揮自如。

為什麼會如此？

就是心理素質的關係。但是孫子不講純粹的理論，仔仔細細分析在不同狀況的時候，敵我之間的心理狀態會有什麼不同。我們都知道，戰爭是兩方或多方的鬥爭，彼此處於互動的狀態，牽一髮動全身，因此心理狀態也是互動的。

如果我們假想一種狀況，敵軍在我們的土地上打仗，我軍會有什麼樣的狀況？由於對方已經深入國境了，因此想要一舉求勝，完全殲滅我軍。但是我方在自己的土地上，顧慮會很多，怕傷害家園，所以士氣無法振作。在這樣的狀況下叫「散地」，如果要反轉戰況，要提振士氣，從以往的戰爭中的經驗，會採用的策略是將我軍、糧食全部都搬進城內，固守城池，避免開戰。然後想辦法消耗敵人的資源，跟他們耗，如果他們沒有資源就會撤退，並且派出另一支軍隊抄截他們的糧道。由於在我們國家當中，熟悉地理情勢，趁他們撤退的時候守備在易守難攻之處，出其不意、攻其不備。

我軍剛進入敵人國境時，還未深入的時候，叫做「輕地」，這時士兵容易掉以輕心，為什麼呢？剛進入國境表示回家還很容易很方便，還可以逃，所以兵士們的士氣也不會高。畢竟打仗是有死傷的，兵士們都會有點害怕，路過「輕地」的時候最好快速通過，或是先派一支部隊在敵方的土地劫掠一番，獲得一點好處，得到了甜頭或小勝利，就比較有自信繼續往前衝。

我們常聽過的一句話叫做：「兵家必爭之地。」在兵法上的「爭地」就是先占先贏的地，所謂「爭」就要先搶先贏。另外還有四通八達交通容易到的地區，稱為「交地」，一般來說是比較開闊的地方，或是水路和陸路齊聚之處，這樣的地方不好防守，反而容易遭受敵軍的埋伏。除此之外，還有在三國交界之處，叫「衢地」，在此打仗要小心，先和其中一方打好關係，以免後來變成多方交戰，無法應付。

剛剛我提到「輕地」就是尚未深入對方國家，「重地」就已經深入敵方的國家，此時要從自己國家運糧來已經不容易，要解決糧食和資源的問題最好就地取材。

如果遇到地理上的險阻，稱為「圮地」，像是河流、沼澤、山林難以行軍的地方，不能久留，要盡速通過。如果地形是包圍起來的，稱為「圍地」，我軍進入的時候，很容易為敵軍所伏擊。如果不小心進入「圍地」無法逃出的時候，最好用巧計逃出。以前部隊都要做飯，都會升起炊煙。在「圍地」的時候，最好將糧食一次煮好，然後敵軍一直看不到炊煙，以為我們彈盡援絕，無利可逃，讓敵人鬆懈以後，再猛力反擊。

我們也常聽過：「置之死地而後生」。什麼是「死地」？比起上面的所有地形，「死地」沒有退路，敵軍如果被困在死地，大家想想會有什麼反應？沒有糧食了、武器鈍了、又餓又累，看不到希望的人會拚命。一個人或一支部隊把生死置之於度外時最可怕，所以孫子認為敵人如果困在死地，不能趕盡殺絕，團團圍住，敵人為了求生會使出最後的力量，讓我軍也陷入苦戰。我們前面在講〈軍爭〉篇的「圍師必闕，窮寇勿迫」是同樣的道理。

接著孫子講了六條用情緒擾動敵人的方法，如果心理素質不夠強韌，很容易被干擾。古代善於用兵的人，能使敵人前面和後面的軍隊無法相互呼應，主力部隊和次要部隊不能相互扶持、長官和下屬無法和諧、兵士之間無法列陣聚集。以上這些擾亂敵人的方法，都是要使敵人出錯。

然而，我們擾動敵人，但自己的部隊要什麼時候出動呢？孫子認為最重要的就是「合於利而動，不合於利而止」，聽起來容易，但往往我們思考時會參雜太多的情緒而無法客觀的行動。不僅兵法和作戰的策略要為了利益，商場上和職涯上追求的也是利。但利不一定直接等於金錢，利有名利，而且益是對人好、對自己好的事情，都是利益，或是我們常講的公益活動。

有人常說公益活動要等你有錢有能力了以後才做，但因為我經營一個一百多個工作人員的基金會，同時照顧兩百多個身心障礙者，就是我們一般說的喜憨兒。大概所有的人都會對於從事社會福利的人保持敬意，但不知道如何付出。這幾年我嘗試各種的募款行為，透過彼此「互利」的方式尋求資源。

公益團體除了接受捐款，如何跟社會其他的團體「互利」呢？二〇一八年七月，我經營的真善美基金會藉由台灣大哥大和社會企業陽光伏特家的攜手協助，以「二〇一八種福電計畫」募集新台幣八百九十五萬元的善款，在真善美家園的屋頂上建置太陽能光電系統。當時不僅有桃園市的大家長鄭文燦市長一起幫忙，當兩個月的專案到了最後十天，還差兩百萬元的缺口，當時的募款代言人、也就是舉重金牌國手郭婞淳，不僅幫專案拍宣導影片，還親自出席募款場合，希望各界一起協助完成這項「綠能@公益」的善行義舉。

「種福電」的專案最終完成！幫忙推動此項方案的陽光伏特家，開始後續的太陽能光電板的建置，解決繁瑣細節的行政流程，幫助憨兒電廠順利完工。憨兒電廠的完工，具有劃時代的意義，這是國內非營利組織規模最大的公民電廠。近年政府為了推動能源轉型，希望多加使用再生能源，促成非核家園，大力推動公民電廠。什麼是公民電廠呢？其實是希望透過民間參與出資，並且收益由參與者共享，讓收益可回饋於公共服務，或使用在公益用途上。

公民電廠的核心價值，在於強調公民的參與，希望逐漸擺脫對於大型集中式發電的依賴，讓地方性、分散的再生能源，能被更多人使用，也讓民眾對於能源的掌握程度更高。然而，像真善美社會福利基金會這樣的非營利組織，長期以來關懷社會的弱勢，平日社工和照護人員們竭力照顧服務對象之餘，對於能源轉型的問題也不熟悉，自然難以參與公民電廠的建置。

所幸透過陽光伏特家的牽線，讓台灣大哥大看見真善美基金會的需求，並且透過公民電廠的建置，讓憨兒也可以為公民電廠盡一份心力，一起完成這項當前全台最大的公益電廠設置計畫。

二〇一九年五月開始發電的公民電廠，設立在桃園市真善美社會福利基金會（簡稱真善美基金會）的「老憨兒家園」頂樓。由於老憨兒家園占地廣大，建置了 168.3kW 的太陽能光電系統，估計往後二十年可以發電三百四十五萬度的乾淨能源，減碳超過一千八百二十公噸，相當於種了八千三百三十五棵樹，而且幫助建築物降溫三到四度，同時也為真善美基金會每年獲得將近新台幣八十萬的售電收益。未來的日子裡，只要太陽還在，二十年相當於一千六百萬元的收益，對於真善美基金會而言，將是一筆長期而穩定的收入。

夏日的台灣相當炎熱，即使到了秋天仍然陽光普照，其實台灣太陽能的資源非常豐富，如果能夠將太陽能轉化成照顧弱勢的力量，社會上的弱勢就能獲得幫助，非營利組織也可以從源源不絕的太陽能獲得資源，轉化成溫暖社會的力量。

以往的捐款行為都是一次性的，給了以後就沒有了。但這次的捐款行為，本來的九百萬，在二十年之後可以成長為兩千萬的捐款，是會增加的捐款，而且靠的是太陽。兩千萬的捐款對於社福機構來說是「利益」，對於台灣大哥大來說，增加他的公益形象是名聲上的「利益」，有助於社會大眾對公司的好感。幫助一個喜憨兒就是幫助一個家庭，如果喜憨兒在家裡面，照顧的時間要花上正常人一天十五個小時，如果讓他在機構中，照顧者就可以成為社會的勞動力，促進社會經濟，增加大家的「利益」。

合於「利」則動，如果做一件事情不只符合個人的「利」，還符合大家的利益，成功性就會更大。接著孫子講用知道的心理素質，他說軍隊如果越深入他國的領土，整體士氣就會越加專一，為什麼呢？因為客居他鄉，十分陌生，要逃也不知道要逃到哪，唯一能靠的只有打勝仗一途才能返鄉。

「深入則專」很適合我們來思考職業這件事情，當我們選擇了某個科系或是職業，基本上就排除了其他的科系和職業，所以投入一件事情越久，相對來說就是排除了其他的人生。日本有所謂的「職人」，專注於一件事情，像我很喜歡的一間日本壽司店次郎，在東京的銀座。美國總統歐巴馬今年訪問日本，日本首相安倍晉三在非正式的晚宴上邀請歐巴馬到銀座的次郎吃握壽司。

很難相信米其林三星的餐廳位在銀座的一棟老舊大樓的地下室之中，但是次郎的名氣不僅在日本響叮噹，在世界的料理界，也有相當的名氣，還曾經有一部紀錄片《壽司之神》就是以小野二郎為主角，他是全球最為年長的三星大廚，據說九歲就已經入行，一輩子都在他的「掌握」之中。

次郎遠近馳名所靠的不只是小野二郎的握工，他對食材與製作的挑剔，精準地抓住壽司的軟硬口感，入口的瞬間與口內的細緻感受都要考慮進去，小野二郎在紀錄片的片頭對著鏡頭說：

「一旦你決定好職業，你必須全心投入工作之中，你必須愛自己的工作，千萬不要怨言，你必須窮盡一生磨練技能，這就是成功的秘訣，也是讓人家敬重的關鍵。」

非常欣賞日本職人的宣言，在次郎用餐可以感受到小野二郎的技藝，對他來說，握壽司已經是一門藝術，不斷地精進，用餐的客人們也帶著品嘗藝術的精神前來，宛如欣賞一件件偉大且鮮活的作品。

深入則專，我們進到了一個領域久了，出不來了，自然只能越走越專，越往一個領域深入，成為該領域的專家，這和帶兵打仗的將領一樣，進入敵軍領土越深，屆時殲滅了敵人，成為該領土的諸侯。但選擇職業和打仗一樣，如果選錯了再退回來，士氣自然會受損，打仗傷的是性命，入錯行犧牲的是寶貴的時間。

孫子認為善用兵的人，指揮軍隊作戰要像「率然」一樣靈活，所謂的「率然」是常山地區的蛇，打牠的頭部，尾巴就會來救；打牠的尾巴，頭部就會救應；如果打中間的話，蛇頭與蛇尾就一起來救應。軍隊的調度能像「率然」一樣靈活嗎？孫子說：「可以。」春秋時代本來吳國和越國是世仇，但如果他們都在同一條船上遇到大風雨的時候，彼此都會一起面對困難，度過風雨。

面對共同的困難或敵人，我們往往可以團結在一起，就像《少年Pi的奇幻漂流》這部電影，遇到船難的印度少年和老虎被困在一艘小船上，本來老虎想要吃掉少年果腹，但後來發現只有互相幫忙才能脫離險境。要如何在戰爭中製造首尾相互呼應的局勢呢？孫子認為將馬匹拴住，然後把車輪埋在土裡並不是好方法，重點除了平日的訓練扎實以外，還要培養強健的心理素質。

國內的電子大廠華碩的施崇棠曾經寫信給員工，他也引用了常山之蛇「率然」的比喻，華碩的「首」就是中高階的主機板，「尾」則是他們當年開發的新產品，低價的X系列。有高階和低階，首尾皆有，交出了亮眼的成績單。

第九章

贏得勝利的素質

面對多變的全球局勢，還有不穩定的就業環境，我們除了要有實力，心理素質的強健十分重要。如果有機會成為主管或是領導者，在領導軍隊這件事情上面，要深思熟慮且要沉著冷靜。面對下屬時，不能暴露軍事行動，時常要變更作戰的策略，還有相關的部署，讓敵人無法了解實際的狀況，無法揣摩行動的意圖。

將領要有讓人無法捉摸的心理特質，但對於屬下則是要了解他們的心理狀態，畢竟帶著軍隊出征，將他們置身於險境，如果不能夠掌握兵士的狀況，就無法了解何時該進、何時該退。《孫子兵法》當中有句名言：「始如處女，敵人開戶；後如脫兔，敵不及拒。」沉靜的時候有如處女一般，讓敵人懈怠；展開戰鬥後，要像掙脫的野兔，讓敵人措手不及，無法抵抗。

能夠既沉靜又迅捷，靠的是平時扎實的訓練，還有強大的心理素質與冷靜的頭腦。一開始先順著敵人的想法，讓他們掉入陷阱，等著他們鬆懈的時候再集中兵力，由此我們來思考一下最近的工作形態。最近有種所謂的「不想努力」的「躺平主義」，「不買房、不買車、不結婚、不生小孩、不消費。」因為再怎麼努力，也只是「窮忙」。

其實美國上個世紀的九〇年代就有所謂的「窮忙族」（Working Poor），跟我們的「貧困世代」、「清貧族」，還有想要「躺平」都是相同的現象。日本經濟學家也有定義「窮忙族」，指的是不管如何努力賺錢，只能滿足生活的基本開銷，沒有辦法存錢，也沒有辦法投資。

不過，如果我們思考一下，所謂的「窮」的定義究竟是什麼？按照聯合國的標準，所謂的「貧窮門檻」指的是每日收入不足二美元的居民，但了解這樣的門檻就知道大家不一定是赤貧，但還是覺得沒有餘裕可以享受工作的果實。從孫子的想法來說，如果只是疲於應付的人，是不懂兵法的人，而是該停下來的時候要休息，該衝出去的時候要把握時機。

我們不一定要按照世俗的眼光，一定要娶妻、買房、有孩子……這些標準，它們都是外在的條件，而不是內心的素質。日本有個作家小川叔曾經寫過一本《窮忙，是你不懂梳理人生》，他檢視自己的人生，發現以往內向、純真和自卑的自己如何改變。

他發現人是要學會長大的，以往我們覺得安全舒適的所在，發現和現在的社會格格不入，是因為我們不懂得改變。我們長大了要與世俗的很多事情對抗，了解大人的世界。但了解長大的責任之後，我們還能保有一點當初的純真，那塊純真是我們用能力和自己所賺取的金錢所構築出來的，而不是以往在父母的溫室中所維持的。

小川叔透過改變自己，從一個上班族的小職員做到總監，又從一般的文案做到百萬暢銷作家，後來更成為網紅，有無數演講的邀約。我們如果沒有給自己梳理人生的機會，一味窮忙，跟著別人的標準起舞，但找不到內心與外在對話的空間，就沒有辦法在人生的戰場上贏得勝利。

二、用巧計的時刻

我們分析了很多作戰的方法、地理條件和心理素質，從第一章到現在，從培養實力到實際作戰的形勢，然後孫子給予我們很多實用的手段，還有提醒我們要隨機應變，最後跟大家說心理素質的重要性，讓我們對於戰爭有完整的把握。最後孫子要跟大家分享的就是奇謀巧技，在具備所有的條件後，看如何能用最節省資源的方式戰勝敵人。孫子提到兩種，一種是火攻；一種是用間，前者是天時和地利，後者是人和。

火攻的種類、條件和方法，孫子一一列出。火攻的方式有五種，第一種是燒敵軍的人馬，第二種是他們的糧食，第三種是他們的工具、戰車和兵器，第四種是敵軍的倉庫，第五種是敵軍的交通設備。從以往的戰爭歷史來看，我們現在世界的霸主是美國，之前是英國，再往前推則是荷蘭和西班牙，英國戰勝西班牙，逐漸成為海權國家就是一五八八年的戰役。

改變全世界的大航海時代是由西班牙和葡萄牙這兩個國家開始的，贊助船隊前往美洲、非洲和亞洲探險，並且建立殖民統治，將世界大量的黃金帶回西班牙。從一五四五年到一五六〇年，西班牙運進了超過五千公斤的黃金和將近二十五萬公斤的白銀。如此龐大的財富讓英國十分羨慕，但英國當時的海軍十分弱小，而且政府支持英國船隻在海上搶劫西班牙的船隻，這樣的海盜行為讓西班牙政府十分生氣。

英國政府不但沒有禁止海盜的行為，反而還鼓勵，西班牙忍無可忍。一五八八年西班牙國王腓力二世派遣當時世界最強大的海軍「無敵艦隊」出征英國，發動了一百三十四艘船隻，載有兩萬多名士兵和八千名的船員。面對遠行而來的西班牙艦隊，英國在英吉利海峽等待。西班牙的船艦龐大，相較之下，英國的船艦則靈活且快速，可以進行騷擾的行為之後才逃跑。

英國與西班牙之間海戰最為關鍵的勝利就是英國發動了火攻，熟悉英吉利海峽風向與天時的英國船艦，將點著火的船艦衝進西班牙的艦隊中，火勢在風勢的助長之下，木製的西班牙艦隊陷入混亂，大量的船艦遭到祝融之災。英國恰好就是將火攻的條件發揮到最大，進行火攻的時候需要有一定的條件，選擇適當的天時，還有重要的時間點。

孫子還區別出了要從內部還是外部放火，如果派人滲入敵營，在內部放火的話，要派兵在外面相互呼應。但有時候如果內部已經起火了，對方卻相當鎮靜，沒有慌張，就要特別小心，可能敵營已經知道我們的行動。如果在敵營外部放火，不需要等待內部的消息，只要時機對了就可以放火，但要注意風向，在上風處放火之後，不能在下風處進攻，這樣會讓我軍因為火勢而受到阻礙。

其實我們現在常說的商業上的行銷手段，或是口碑，還是一個人的風評，都跟火攻的概念相同。蘋果的手機比起其他品牌都來得貴，但每次新品一出，就會有很多人搶著排隊，創造了很多「果粉」。如果我們把要行銷的品牌當成是一個火種，我們需要天時和地利，需要起風的時候。孫子提到的火燒於內或外，可以想作是現在的社群媒體，以往是雜誌、電視或新聞，但現在靠的是臉書、ＩＧ或Twitter，一旦在社群上形成風潮，就會有大量的「流量」。

「火發而其兵靜者，待而勿攻」，我們可以想想有時候發布一條訊息的時候，為什麼媒體沒有轉載，但一直問別人為什麼不刊登，反而會招致反感。這時候，應該要思考一下該如何做，才能讓品牌的討論度更高，讓火更旺。我曾經策展過在華山文創園區所舉辦的「第七屆華文朗讀節」，靠的就是社群上的熱傳。

華文朗讀節是「以出版產業為核心的跨界創價平台」，透過「跨界」與「聯結」創造更多種不同行銷、推廣出版品的方式；自第一屆至今，共聚集國內外近八百位作家，超過三十萬觀眾參與，華文朗讀節如同金曲、金馬、金鐘獎及系列活動，已成為文化圈的重要盛事。

我所策展的「第七屆華文朗讀節」，延續歷年累積的豐厚能量，規劃多元形式的展演參與，讓朗讀能夠更貼近生活，替讀者開創新的閱聽模式擁抱閱讀的美好，同時號召及整合華山文創園區店家及城市餐廳、藝文場所等，期待能提高文學能見度與討論風潮帶動閱讀，並著重文化向下扎根，讓閱讀與文字文本的影響力持續發酵深遠流長。

「二〇一九華文朗讀節：故事的力量」藉由多元文本的展演，規劃兩大場館、五大主題區，從文本、對談、影像、攝像、插畫等角度帶領大家領略故事的豐富性，講座結合文學與歷史、飲食、建築、影像、親子……等跨領域主題，透過生活化的主題引起共感，使文學貼近生活，引發文學討論熱潮，且本屆以推廣閱讀為責，活動全數免費，實質地擴大閱讀人口，吸引各年齡層、多元族群的民眾參與。

為了突破「華山文創園區」過去給人過於「文青」的形象，「二〇一九華文朗讀節：故事的力量」依各學習階段量身打造適齡的共同參與方案，從學齡前的親子故事屋至青年出版專場，規劃具吸引力的座談與互動參與工作坊等活動，提高學生參與度，促成產業與學界對接，讓閱讀成為日常，讓文字文本的影響力持續發酵。

華文朗讀節二〇一九以「故事的力量」為題，以文本說故事、朗讀說故事、圖像說故事、影像說故事、表演藝術說故事等，首次以如此多元跨界的形式展現年度主題，亦從人生各啟蒙階段關照親子、青少年、第三人生等議題，講者更為跨界音樂、創作、建築設計、飲食、醫藥……等類別意見領袖，亦以講座、對談、讀劇、誦詩等將文本傳遞予觀眾，無論從年齡層、議題、領域、展演形態的角度切入，皆是跨界多元不設限的將主題呈現。

不僅如此，活動卡司也盛況空前，作家陣容包括張曼娟、駱以軍、謝哲青、蔡璧名、朱宥勳、朱國珍、葉怡蘭、張西、許榮哲、房慧真等等，深受年輕人喜愛的創作歌手鄭宜農、余佩真、熱血公民教師黃益中、台大電機系教授葉丙成，當紅 YouTuber 志祺七七、閱部客、又仁，更增添重量級跨界對談講者如金曲創作人陳珊妮、「媽媽界的巧虎」黃瑽寧醫師、繪本天王賴馬、金獎主持人 Soac 等等，逾百位講者四天輪番登場，規模創歷年之最。

由於邀請來的講者都是網紅或知名作家，他們的粉絲在粉專一聽到消息，紛紛湧入華山文創園區，在三天半的時間有四萬五千人進場，靠的都是社群上的流量。這次的行銷方式完全沒有將經費給廣告公司，靠的就是社群網路彼此瘋傳的「火」。

孫子提到「晝風久，夜風止」，白天如果颳大風的話，晚上的風就會變小，我們從田口佳史在《社長的孫子兵法》中所提到的就是要知道何時會有風吹來。我們現在不同的年齡、階級、工作形態、性別都有網路使用習慣的特定傾向，了解宣傳的TA（目標客群）相當重要。

除了用火攻，行銷靠口碑、靠風向以外，我們在實際的戰爭中還能靠什麼？孫子跟我們說戰爭是很昂貴的，要調兵遣將十萬人，到千里之外去打仗，要花費的資源相當的龐大。我們只要想想自己身處的組織，如果是大學的學生，一個學校不過一兩萬人，一個公司不過幾百個人，但打仗都是幾十萬人的作戰，資源的運用相當龐大。

除了實際用於軍事戰爭的費用以外，百姓的生活也會捲入其中，不能從事平日的生產活動，身家性命都會賠上，所以用間諜是相對節省資源。孫子將間諜分為五種，使用間諜的方法要兼顧智慧、道義和微妙的元素，才能不被間諜反用，對待間諜也不能用平常的方式，善用他們的優點，避開缺點。

作戰的目的就是為了勝利，但如果不願意花錢在聘用間諜上，只貪圖小利，這樣吝嗇的做法是無法贏得勝利的。戰爭中會贏得勝利的人在於他們能夠掌握敵情，要獲取敵情，不適求神問卜，也不可以看星象，或找算命的，一定要根據可靠的情報，對於敵情有所熟悉的人。

使用間諜的方式有五種，分為：鄉間、內間、反間、死間、生間，五種方法靈活運用，高深莫測，讓敵人猜不透。我們簡單說一下每種間諜使用的方式，所謂鄉間就是利用敵國的百姓做為間諜。由於以往戰爭要徵收糧食，準備戰爭的時候，農民都會先知道，買通敵人的農民就可以知道戰爭的準備狀況。

內間就是買通敵人的官吏，反間就是買通敵方的間諜為我用，「死間」則是散播假消息，誘使敵方上當，但消息暴露之後，我方的間諜難逃一死，但如果能夠活著回來，並且把敵方的消息傳回來，則是「生間」。

然而，不是所有的人都會用間諜，要有智慧的人，而且要具有能力的領導者才會使用間諜。間諜的腦袋一定不會差，所以帶間諜要用心，讓他們得以相信，並且置生死於度外，才能賣命。如果要了解敵軍的情報，一定要摸清對方的守將是誰，並且具體知道地理形勢，還有出兵的布局和策略。

台灣與中國由於處於敵對狀態，我們的國安單位曾經統計過，中國派在台灣的間諜將近五千人。過去十多年來，破獲了上百件的共諜案，大部分都藏匿在軍事機構中。透過滲透我們的將領，了解我方的軍事情報。獲取情報的方式很多，有些誘之以財，有些則用美人計。前國防部情報室的將軍羅賢哲，由於駐泰國的時候禁不起誘惑，被拍下不雅的性愛影片，交付軍事情報給中國，後來被發現遭判無期徒刑。

除了軍事上的間諜以外，中國還滲透到我們的公司當中，由於台灣有不少公司具有關鍵技術。掌握了know-how就可以製造大量商品，並且從中獲利。台灣現在最重要的產業就是半導體，現在全世界都需要台灣的晶片。現在的戰爭不一定動刀動槍，而是科技上的拚搏。

如果我們回顧網際網路的歷史，美國人在一九七〇年代開始思考用網路連結世界，當美國的經濟市場在二〇〇〇年網際網路相關的公司發展過頭而造成泡沫，當時中國改革開放後，迎來科技業的榮景，像我們現在常聽到的阿里巴巴、中芯國際都是從那個時候開始，後來成為全球前十大的半導體製造商。

現在的世界掌握敵情的方法就是用科技，誰掌握最新的技術就掌握了一切。從美國《國家利益》的研究報告中指出，後起的中國要用什麼方法追趕美國呢？用間諜來蒐集情報是其中的關鍵，報告指出：「如果不靠間諜，中國沒有辦法追趕上美國。」

商業間諜的手法一般來說就是用重金挖腳對方的員工，如果是電腦公司，就用駭客的方式攻擊，或在競爭對手的公司安插自己人。然而，由於美國是個自由社會，而且很多華人在美國的電腦公司工作，中國會利用民族認同的情感收買這些在其中工作的華人，透過他們的職位竊取相關的機密。近來很多在美國工作的華人遭到間諜罪的起訴，他們出身中國，但在美國接受高等教育，後來留在美國工作。中國政府利用他們出身的認同，高金收買相關的情報，要他們將情報傳回中國。

當我們現在世界的局勢逐漸轉變成美國與中國之間的對抗，美國更加防範中國。二〇一八年美國司法部開始執行「中國行動方案」，針對中國在美國的經濟間諜行為開始調查，並且透過司法行動起訴和審判。除此之外，美國開始拉攏朋友，以利益或威脅的方式，要求台積電停止供應給中國相關公司的晶片。

第九章

贏得勝利的素質

台灣在中國與美國的爭霸中占據著重要的地位，我們是小國，但在國際強權的競爭中有一席之地。不管是透過間諜，或是《孫子兵法》中所揭示的方法，未來是一個大時代，一個競爭的亂世，每個在其中的人，都要準備好自己的戰略，透過《孫子兵法》，思考我們立身處世的競爭之道。

原文

九地

孫子曰：凡用兵之法，有散地，有輕地，有爭地，有交地，有衢地，有重地，有圮地，有圍地，有死地。諸侯自戰其地者，為散地；入人之地而不深者，為輕地；我得則利，彼得亦利者，為爭地；我可以往，彼可以來者，為交地；諸侯之地三屬，先至而得天下之衆者，為衢地；入人之地深，背城邑多者，為重地；山林、險阻、沮澤，凡難行之道者，為圮地；所由入者隘，所從歸者迂，彼寡可以擊吾之衆者，為圍地；疾戰則存，不疾戰則亡者，為死地。是故散地則無戰，輕地則無止，爭地則無攻，交地則無絕，衢地則合交，重地則掠，圮地則行，圍地則謀，死地則戰。

所謂古之善用兵者，能使敵人前後不相及，衆寡不相恃，貴賤不相救，上下不相收，卒離而不集，兵合而不齊。合於利而動，不合於利而止。敢問：

『敵衆整而將來，待之若何？』曰：『先奪其所愛，則聽矣。』故兵之情主速，乘人之不及，由不虞之道，攻其所不戒也。

凡為客之道，深入則專，主人不克。掠于饒野，三軍足食。謹養而勿勞，併氣積力，運兵計謀，為不可測。投之無所往，死且不北。死焉不得，士人盡力。兵士甚陷則不懼，無所往則固，深入則拘，不得已則鬥。是故其兵不修而戒，不求而得，不約而親，不令而信。禁祥去疑，至死無所之。吾士無餘財，非惡貨也；無餘命，非惡壽也。令發之日，士卒坐者涕沾襟，偃臥者淚交頤。投之無所往者，則諸、劌之勇也。

故善用兵者，譬如率然。率然者，常山之蛇也。擊其首則尾至，擊其尾則首至，擊其中則首尾俱至。敢問：『兵可使如率然乎？』曰：『可。夫吳人與越人相惡也，當其同舟而濟。遇風，其相救也，如左右手。』是故方馬埋輪，未足恃也；齊勇如一，政之道也；剛柔皆得，地之理也。故善用兵者，攜手若使一人，不得已也。

將軍之事，靜以幽，正以治。能愚士卒之耳目，使之無知；易其事，革其謀，使人無識；易其居，迂其途，使人不得慮。帥與之期，如登高而去其梯；帥與之深入諸侯之地，而發其機，焚舟破釜，若驅群羊。驅而往，驅而來，莫知所之。聚三軍之眾，投之於險，此謂將軍之事也。九地之變，屈伸之利，人情之理，不可不察也。

凡為客之道，深則專，淺則散。去國越境而師者，絕地也；四達者，衢地也；入深者，重地也；入淺者，輕地也；背固前隘者，圍地也；無所往者，死地也。是故散地，吾將一其志；輕地，吾將使之屬；爭地，吾將趨其後；交地，吾將謹其守；衢地，吾將固其結；重地，吾將繼其食；圮地，吾將進其途；圍地，吾將塞其闕；死地，吾將示之以不活。故兵之情：圍則禦，不得已則鬥，過則從。

是故不知諸侯之謀者，不能豫交；不知山林、險阻、沮澤之形者，不能行軍；不用鄉導者，不能得地利。四五者，不知一，非霸王之兵也。夫霸王之兵，伐大國，則其眾不得聚；威加於敵，則其交不得合。是故不爭天下之交，不養天下之權，信己之私，威加於敵，則其城可拔，其國可隳。施無法之賞，懸無政之令。犯三軍之眾，若使一人。犯之以事，勿告以言；犯之以利，勿告以害。投之亡地然後存，陷之死地然後生。夫眾陷於害，然後能為勝敗。

第九章

贏得勝利的素質

故為兵之事，在於佯順敵之意，併敵一向，千里殺將，是謂巧能成事者也。

是故政舉之日，夷關折符，無通其使；厲於廊廟之上，以誅其事。敵人開闔，必亟入之，先其所愛，微與之期，踐墨隨敵，以決戰事。是故始如處女，敵人開戶；後如脫兔，敵不及拒。

火攻

孫子曰：凡火攻有五：一曰火人，二曰火積，三曰火輜，四曰火庫，五曰火隊。行火必有因，煙火必素具。發火有時，起火有日。時者，天之燥也。日者，月在箕、壁、翼、軫也。凡此四宿者，風起之日也。

凡火攻，必因五火之變而應之。火發于內，則早應之于外。火發而其兵靜者，待而勿攻。極其火力，可從而從之，不可從而止。火可發于外，無待于內，以時發之。火發上風，無攻下風。晝風久，夜風止。凡軍必知有五火之變，以數守之。故以火佐攻者明，以水佐攻者強。水可以絕，不可以奪。

夫戰勝攻取，而不修其功者凶，命曰費留。故曰：明主慮之，良將修之。非利不動，非得不用，非危不戰。主不可以怒而興師，將不可以慍而致戰。

合于利而動，不合于利而止。怒可以復喜，慍可以復悅，亡國不可以復存，死者不可以復生。故明君慎之，良將警之。此安國全軍之道也。

用間

孫子曰：凡興師十萬，出征千里，百姓之費，公家之奉，日費千金，內外騷動，怠于道路，不得操事者，七十萬家。相守數年，以爭一日之勝，而愛爵祿百金，不知敵之情者，不仁之至也，非人之將也，非主之佐也，非勝之主也。故明君賢將，所以動而勝人，成功出於眾者，先知也。先知者，不可取於鬼神，不可象於事，不可驗於度，必取於人，知敵之情者也。

故用間有五：有鄉間，有內間，有反間，有死間，有生間。五間俱起，莫知其道，是謂「神紀」，人君之寶也。鄉間者，因其鄉人而用之；內間者，因其官人而用之；反間者，因其敵間而用之；死間者，為誑事於外，令吾間知之，而傳於敵間也；生間者，反報也。

故三軍之事，莫親於間，賞莫厚於間，事莫密於間，非聖智不能用間，非仁義不能使間，非微妙不能得間之實。微哉！微哉！無所不用間也。間事未發而先聞者，間與所告者皆死。

凡軍之所欲擊，城之所欲攻，人之所欲殺，必先知其守將、左右、謁者、門者、舍人之姓名，令吾間必索知之。必索敵人之間來間我者，因而利之，導而舍之，故反間可得而用也；因是而知之，故鄉間、內間可得而使也；因是而知之，故死間為誑事，可使告敵；因是而知之，故生間可使如期。五間之事，主必知之，知之必在於反間，故反間不可不厚也。

昔殷之興也，伊摯在夏；周之興也，呂牙在殷。故明君賢將，能以上智為間者，必成大功。此兵之要，三軍之所恃而動也。

國家圖書館出版品預行編目資料

權衡：孫子兵法教你亂世中的生存之道 / 胡川安著. -- 初版. -- 臺北市：平安, 2022.03 [民111].
面; 公分. --(平安叢書; 第706種) (致知；06)

ISBN 978-986-5596-62-0 (平裝)

1.CST: 修身 2.CST: 生活指導 3.CST: 成功法

192.1 111001846

平安叢書第706種
致知 06
權衡
孫子兵法教你亂世中的生存之道

作　者—胡川安
發 行 人—平雲
出版發行—平安文化有限公司
臺北市敦化北路120巷50號
電話◎02-27168888
郵撥帳號◎18420815號
皇冠出版社(香港)有限公司
香港銅鑼灣道180號百樂商業中心
19字樓1903室
電話◎2529-1778　傳真◎2527-0904
總 編 輯—許婷婷
執行主編—平靜
責任編輯—陳思宇
美術設計—倪旻鋒、李偉涵
行銷企劃—鄭雅方
著作完成日期—2021年12月
初版一刷日期—2022年03月
初版四刷日期—2023年02月
法律顧問—王惠光律師

讀者服務傳真專線◎02-27150507
電腦編號◎570006
ISBN◎978-986-5596-62-0
Printed in Taiwan
本書定價◎新台幣320元/港幣107元